U0010929

The Flag Book

一次看懂世界國旗

茉伊拉・巴特菲爾德

（Moira Butterfield）

目錄

北美及中美洲
12－35頁

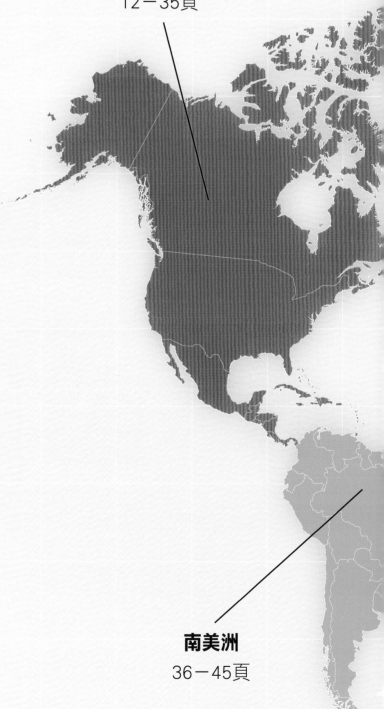

南美洲
36－45頁

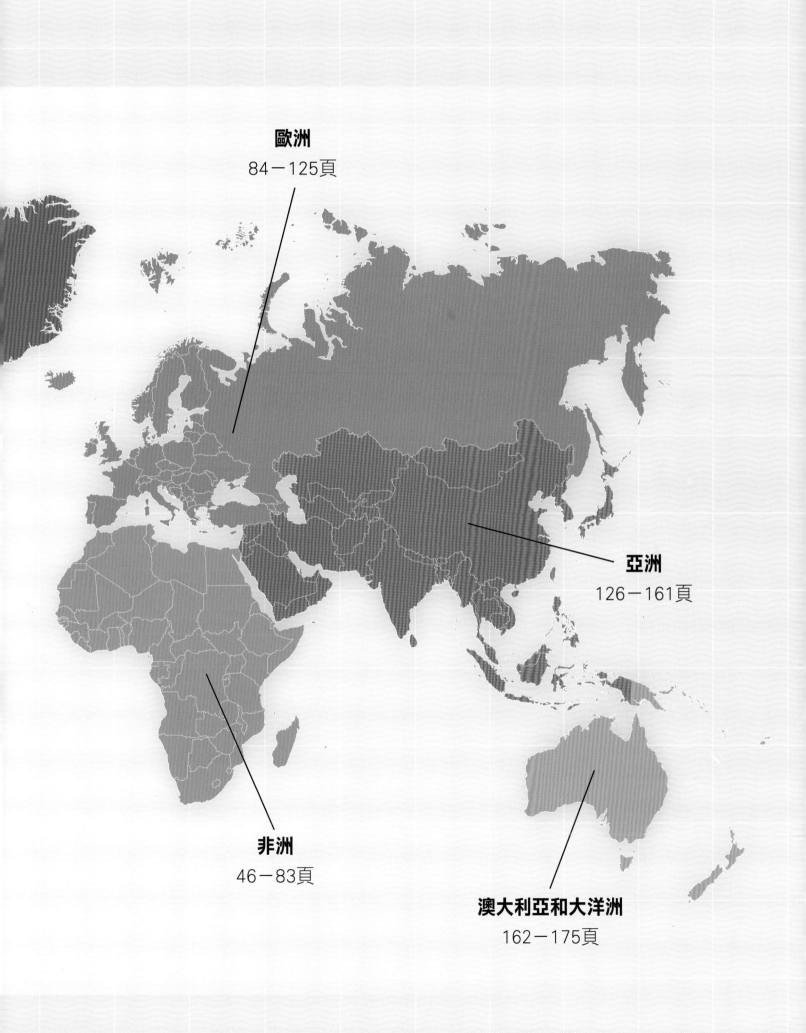

旗子的用途

你所看到的每面旗子都是極具意義的圖畫，對著觀看的人發出訊息。世界上每個國家都有一面代表自己的旗子，向全世界宣布：**我們以我們的國家為榮。**每個地區及城市也有自己的旗子並且表達著相同的榮耀。

這本書將向你展示每個國家的國旗以及地區的旗子，還會解釋國旗上的顏色、圖案所代表的不同涵義。

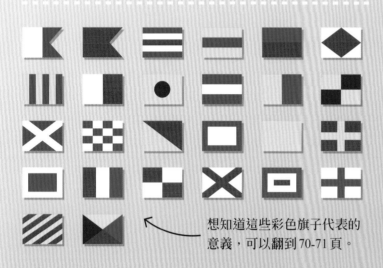

想知道這些彩色旗子代表的意義，可以翻到70-71頁。

遠洋旗子：除了各個國旗的相關知識外，也會學到在船隻上飄揚的旗子所傳遞的訊息（第54-55頁）。

旗子的種類

有些國家也許會有許多不同種類的官方旗幟。

國旗：國家在國際場合所使用的官方旗幟。

政府旗：有時候我們會看到飄揚在政府大樓外，看起來和一般國旗略為不同的旗幟。

民用旗：有些國家會使用民用旗及國旗。非政府組織會使用民用旗。

區域旗：這是地區或海外領地會使用的旗幟。

英國著名海盜白棉布傑克（Calico Jack Rackham）的旗幟。

以前的旗子：

如果翻到本書第28-29頁，你會發現海盜旗上所要傳遞的嗜血訊息。在94-95頁，還可以學到所有關於世界上最古老旗幟的知識。

當黑白格紋旗揮舞時，代表有一輛賽車已經越過終點線。

運動旗：

在第170-171頁，可以學會辨識出一些，也許出現在很多運種場合上的特殊旗幟。

當這種旗幟在英國倫敦的白金漢宮上飄揚時，代表英國女皇正在皇宮內。

特殊旗子：
可以在第154-155頁找到世界上最有趣的旗子以及一些太空旗。

一根水平的桿子使美國國旗看似在月球上飄揚。因為月球沒有大氣層，所以實際上旗子是無法飛揚的。

總統及皇家旗子：
一些被皇室或總統治理的國家會有專屬的旗幟，可以在他們的座車及官邸看到這樣的旗幟飄揚。

國際組織旗：
聯合國、國際奧林匹克委員會以及其他組織都有專屬旗子。在第176-177頁，可以看到一些國際組織的旗子。

聯合國旗海飄揚的景象。

聯合國旗幟。

旗子的特殊語彙

研究旗子的學問稱為旗幟學。旗幟學家會使用特殊的語言來描述旗子組成的部分和圖形。在這本書中,我們會簡化這些用語。

旗子組成的部分

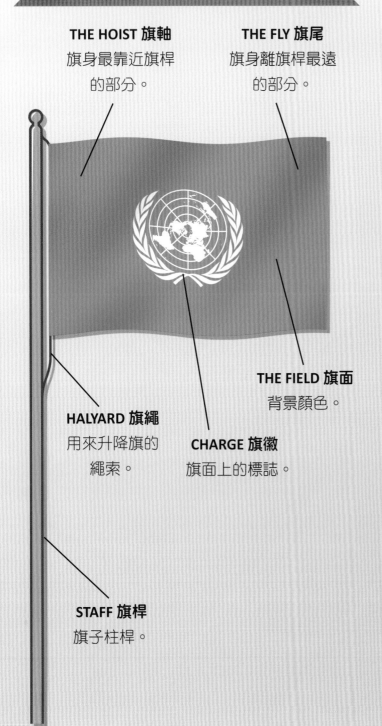

THE HOIST 旗軸
旗身最靠近旗桿的部分。

THE FLY 旗尾
旗身離旗桿最遠的部分。

THE FIELD 旗面
背景顏色。

HALYARD 旗繩
用來升降旗的繩索。

CHARGE 旗徽
旗面上的標誌。

STAFF 旗桿
旗子柱桿。

旗子比例

旗子比例指的是旗高和旗寬相比之下的比例。一面 1:2 的旗子比例指的是旗寬是旗高的兩倍。

1 x

1:2

2 x

旗幟形狀

大部分旗幟是長方形,有些則是四方形。但是有些形狀則是比較特殊,也有特殊的名稱。

FANION 三角旗

PENNANT 直立三角旗

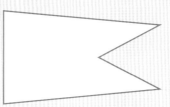

SWALLOW TAIL 燕尾旗

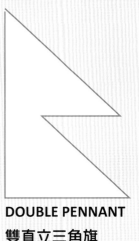

DOUBLE PENNANT 雙直立三角旗

BURGEE 三角燕尾旗

旗子的形狀

雖然一些旗子會使用特殊的形狀及圖形，但是全世界的旗子還是有以下這些基本設計：

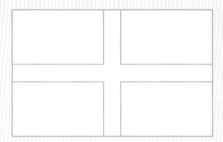

對稱十字形（例如：英格蘭國旗）

直條形 三個直條紋（例如：加拿大國旗）

邊框形（例如：蒙特內哥羅國旗）

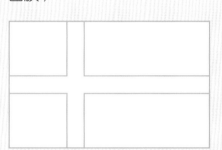

北歐十字形 不居中的十字圖案（例如：冰島國旗）

橫條形 三條等距的橫條紋（例如：奧地利國旗）

小矩形 旗面左上角有矩形圖案（例如：美國國旗）

希臘十字形 等長的四隻十字臂（例如：瑞士國旗）

V字形 三角圖形由旗軸邊延伸而出（例如：捷克國旗）

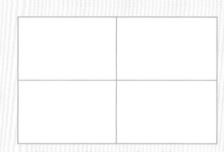

四等分形 旗面分成四等分（例如：巴拿馬國旗）

X字形 對角十字（例如：蘇格蘭國旗）

Y字形 旗面有一邊是Y字型（例如：南非國旗）

對角形 旗面上有對角條紋（例如：坦尚尼亞國旗）

旗子的設計

旗子的設計有許多不同的原因。旗子的顏色及形狀也許代表著這個國家的歷史、政治理念、景觀或是人民。

旗子的歷史

有些旗子的歷史,特別是歐洲的旗子,可以追溯至好幾世紀以前。古老的歷史有時候可以從當時統治階層的貴族所使用的盾牌徽章看出來。

過去200年以來,許多國家已經脫離歐洲殖民統治變成獨立的國家,所以需要新的國旗設計。而一些加勒比海國家,還讓當地居民加入國旗設計比賽的活動。

國旗也許會因為政治的關係有所變動。當新的領導者掌權,有時候會改變國旗的樣式。

當巴哈馬1973年獨立時,將本來含有英國國旗及島嶼標誌的國旗換掉,改成全新的一面國旗。

旗子的使用禮儀

許多國家都有使用旗子的禮儀。如果破壞使用規則,很有可能會冒犯到人家,所以千萬不要將國旗倒掛或是對國旗不敬。

有時候會看到降半旗,也就是國旗只有升到旗桿的一半。這表示發生什麼不幸的事件或是重要人物過世,為哀悼的表示。

出於禮貌,在聯合國裡,所有的國旗都會掛得一樣高。

英國國旗,又稱聯合旗,是公認最難掛得好也是常被掛錯的旗子。看準寬對角條紋是將國旗掛對的關鍵。

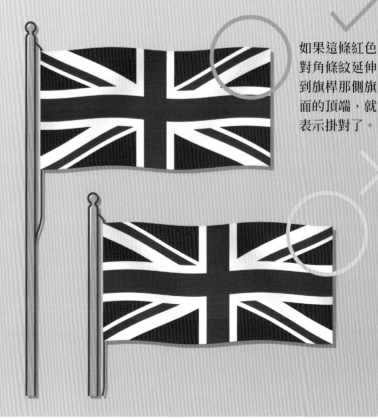

如果這條紅色對角條紋延伸到旗桿那側旗面的頂端,就表示掛對了。

請來找找旗子上的……

旗子上有各式各樣有趣的圖樣。它們可以呈現一個國家與眾不同之處，包括文物、在那裡發現的動植物、或是用象徵性的手法來表現這個國家的歷史或價值。

帶有神祕的生物，像是龍一類，這種圖案來自古老的盾牌徽章或是古代神話。

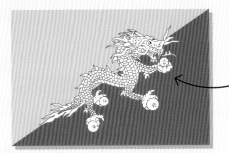

不丹的國旗上可以發現印有雷龍的圖案（見第144頁）。

阿爾巴尼亞（第97頁）、蒙特內哥羅（第98頁）及塞爾維亞（第99頁）的旗子上有雙頭老鷹的圖案。

代表國家的**地理景觀**的圖樣

厄瓜多的旗子上（見第40頁）標誌著山水圖案。

地理景觀圖片也可以在海外領地，像是關島（第17頁）及聖赫勒拿島（第109頁）的旗子上看到。

國家特有的動物

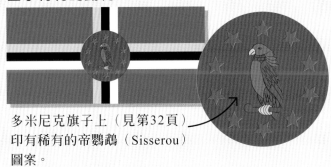

多米尼克旗子上（見第32頁）印有稀有的帝鸚鵡（Sisserou）圖案。

這種帶有國家特有動物的圖案也可以在烏干達（第59頁）及巴布亞新幾內亞（第166頁）的旗子上看到。

星星有時候代表一個國家的行政區域

美國國旗上（見第16頁）的星星代表著美國的所有州。

密克羅尼西亞（第167頁）、維德角（第77頁）及澳大利亞（第164頁）的旗子也有星星。

根據這個國家的宗教信仰，有時候也會在國旗上看到關於**宗教的符號**

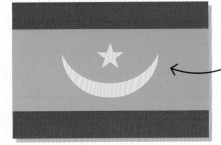

茅利塔尼亞的國旗上標誌著伊斯蘭教的新月及星星圖形。

其他像是東加王國的基督教（第169頁）、以色列的猶太教（第129頁）、尼泊爾的印度教（第143頁）及斯里蘭卡的佛教（第142頁），都有國家宗教信仰的符號。

國家重要的**歷史文物**

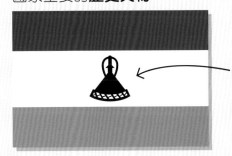

賴索托的國旗上（見第49頁）有一頂被稱為「mokorotlo」傳統草帽的圖形。

肯亞（第58頁）及吉爾吉斯（第138頁）的國旗上也有歷史文物。

帶有國家象徵意義的**植物**

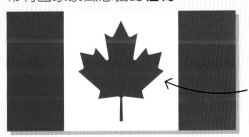

加拿大的國旗上（見第14頁）有楓葉的標誌。

賽普勒斯（第125頁）及赤道幾內亞（第63頁）的國旗上也帶有國家象徵意義植物的圖案。

盾牌徽章

盾牌徽章是裝飾有標誌及格言的盾牌圖案，它也許代表一個國家、一片區域、一座城市、一代王朝或是一個貴族家庭。許多旗子的中央都有盾牌徽章，這些標誌也許代表著國家的歷史、創國理念、自然資源、產業、特有動物或是景觀。

徽章學

盾牌徽章的設計稱為徽章學。自貴族家庭統治歐洲開始，這種設計已經有大約1,000多年的歷史。戰場上的騎士在他們的衣服及盾牌上都有這樣的徽章設計，以便在戰場上辨識。這些標誌會傳承給後代，代表著榮譽與權力。歐洲的皇室家庭也有這樣的盾型紋章，所以這樣的徽章也代表著政府機關。

一名騎士在戰場用的盾牌及衣服上也帶有這樣的盾型紋章。

徽章學用語

雖然盾牌徽章的樣式五花八門，但是每個組成部分都有特定的名詞。

厄瓜多的徽章最頂端有一隻南美大禿鷹。

CREST 徽章頂
這種圖案會出現在紋章最頂端，盾牌的上方。

在哥斯大黎加的盾牌上有一個藍絲帶花環。

WREATH OR TORSE 徽章環
在盾牌上，徽章頂下，由布料交錯捲成的花環。

SHIELD 盾牌
盾型徽章上所呈現的圖形。

秘魯旗子上的盾牌輪廓是黃色的。

SUPPORTERS 支撐物

支撐盾牌的物體。
也許是動物或人類。

南美國家蘇利南的標準總統徽章可以看到原住民支撐著盾牌。

SCROLL 捲軸

在盾牌上或盾牌下寫有格言的橫幅。

多明尼加共和國的國旗有一個標示國家名字的捲軸。

COMPARTMENT 間隔部分

撐起盾牌的底座。

海地旗子上可以看到撐起徽章的土丘圖形。

第一位使用盾牌徽章的中世紀騎士是說諾曼法語，所以在形容徽章顏色及特色時會使用法文。

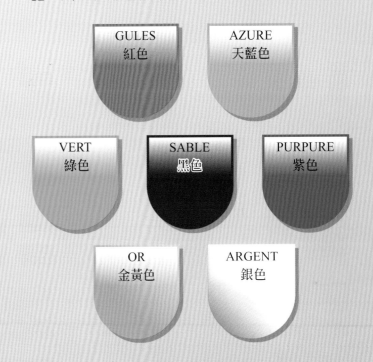

GULES 紅色

AZURE 天藍色

VERT 綠色

SABLE 黑色

PURPURE 紫色

OR 金黃色

ARGENT 銀色

盾牌分類

這些是用在盾牌徽章上的幾何圖形，法文稱「Ordinaries」。這些圖形往右延伸至邊界，並將盾牌分成好幾部分。

FESS 橫條形

PALE 直條形

BEND 對角形

CHEVRON V字形

CROSS 十字形

SALTIRE X字形

CHIEF 頭目形

BORDURE 鑲邊形

PILE 倒三角形

北美及中美洲

加拿大
第14頁

美國
第16頁

墨西哥
第22頁

貝里斯
第22頁

瓜地馬拉
第23頁

薩爾瓦多
第23頁

宏都拉斯
第24頁

尼加拉瓜
第24頁

哥斯大黎加
第25頁

巴拿馬
第25頁

牙買加
第26頁

古巴
第27頁

巴哈馬
第27頁

海地
第30頁

多明尼加共和國
第30頁

聖克里斯多福及尼維斯
第31頁

安地卡及巴布達
第31頁

多米尼克
第32頁

聖露西亞
第32頁

聖文森及格瑞那丁
第33頁

巴貝多
第34頁

格瑞那達
第34頁

千里達及托巴哥
第35頁

美國

加拿大

美國

墨西哥

古巴

巴哈馬

貝里斯

海地

牙買加

多明尼加共和國

瓜地馬拉

宏都拉斯

聖克里斯多福及尼維斯

薩爾瓦多

安地卡及巴布達

尼加拉瓜

聖露西亞

多米尼克

哥斯大黎加

聖文森及格瑞那丁

巴拿馬

格瑞那達

巴貝多

千里達及托巴哥

加拿大

採用日期： 1965年2月15日

比例： 1：2

用途： 國家和民用

設計說明： 白色直條紋居中，兩側是紅色直條紋，中間還有一片紅色楓葉的圖案。

紅色象徵和英國的歷史關係。

白色象徵和法國的關係。

楓葉上的11個端點是加拿大國家認同及團結的象徵。

加拿大是世界第二大國家，面積涵蓋了北美洲的北部。1867年時，各自分離的殖民地合併，加拿大成為一個國家。第一批歐洲移民者主要來自法國和英國，也因此淵源，1921年國王喬治五世將紅色及白色定為加拿大的官方顏色。這兩種顏色和歐洲的關聯可以追溯至中世紀。十字軍東征時，軍隊衣物上帶有十字架以分辨他們的身分。原本法國軍隊帶有紅色十字架，英國軍隊是白色的，但是隨著時間一久，兩邊便互換了顏色。

美味的樹汁會由楓糖樹中被提煉出來，並製成糖漿。

加拿大是由十個省及三個地區（他們各自為政）組成的聯邦。每個區域都有屬於自己的旗子。

加拿大地區

▼ 西北地區

藍色及白色代表的是湖泊、河流及白雪。盾牌象徵著綠色森林、金礦、凍原帶（紅色部分）以及北極圈（白色部分）。

▼ 努納武特區

旗子上可以看到因紐特人的聖石紀念碑，以及代表長者領導力的北極星。

▼ 育空區

背景代表的是綠色森林、白雪及藍色的水。盾牌徽章則包括一隻阿拉斯加雪橇犬、柳蘭花、山脈、金礦及河流。

加拿大省分

▼ 亞伯達省

亞伯達省的盾牌徽章上可以看到小麥田、大草原、山麓丘陵、洛磯山脈以及英國紅白相間的聖喬治十字標幟。

▼ 新斯科細亞省

蘇格蘭的聖安德魯十字以及皇家軍隊圖案代表了這個省和蘇格蘭的歷史關係。

▼ 不列顛哥倫比亞省

不列顛哥倫比亞省的旗子上包括英國大不列顛的聯合旗、英國皇冠和在太平洋上閃耀的太陽。

▼ 安大略省

從安大略省的旗子圖案,可以看出和英國的關聯。旗子上還有代表加拿大的金色楓葉。

▼ 馬尼托巴省

英國聯合旗及聖喬治十字代表了加拿大馬尼托巴省和英國的歷史聯繫。盾牌徽章上則有一頭站在岩石上的水牛。

▼ 愛德華王子島

省旗上有一個種有英國大橡樹和三棵小樹苗的島嶼圖案,就位在代表英國愛德華王子的皇家金獅圖樣之下。這座島嶼也以這位王子來命名。他是維多利亞女王的父親。

▼ 新布藍茲維省

旗子上的船艦代表新布藍茲維省船隻建造的歷史。獅子則代表了該省和英國大不列顛及德國的歷史關係。

▼ 魁北克省

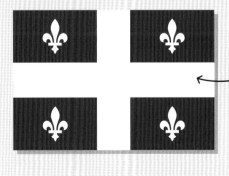

法式鳶尾花的圖樣,代表魁北克省和法國的關聯。法國皇家標誌的背景是藍色的。

▼ 紐芬蘭-拉布拉多省

旗子上的藍色代表海洋,白色代表雪,而紅色則代表當地人的勇敢與勤奮。黃色則代表對未來所展現的自信。

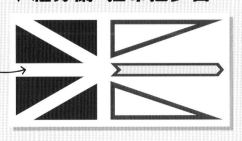

▼ 薩斯克徹溫省

背景顏色代表綠色田野及黃色穀物。旗子上還有一束小麥、一隻英國獅子以及一朵西式紅百合。

美國

50顆星星代表美國
每一個州。

紅色代表勇敢，
白色代表純潔，
藍色代表正義及警覺。

13個橫條紋代表美國獨立時，
13個結合在一起的殖民地。

採用日期： 1960年
比例： 10：19
用途： 國家和民用
設計說明： 13條紅白相間的橫條紋，左上角的藍色矩形內有50顆白色的星星。

美國國旗全世界聞名。有時候美國國旗又有「古老的榮耀」、「星條旗」或是「星條」的稱號。1777年第一次採用了這面旗子，不久之後，美國獨立。隨著新的州加入聯邦，國旗上的星星圖案也逐漸增加。當夏威夷在1960年變成美國的一州時，最新的星星圖案也在這時加上去。

貝特西·羅斯（Betsy Ross）旗是現今美國國旗最早的設計。在藍色背景上，有13顆白色星星所形成的圓形，代表原本的13個殖民地。

2009年，為了歐巴馬總統就職，大批揮舞著美國旗的民眾聚集在華盛頓特區的美國國會大廈外

美國海外領地

美國有16個位在加勒比海及太平洋上的海外領地。
以下的旗子屬於有永久居住居民的五個海外領地。

▼ 關島

在藍紅相間的旗面中央可以看到關島美麗的海岸線。

▼ 北馬里亞納群島

代表美國的白色星星就位在傳統上用來建造島嶼房子的灰拿鐵色石頭上。花環代表的是島嶼上的花朵。

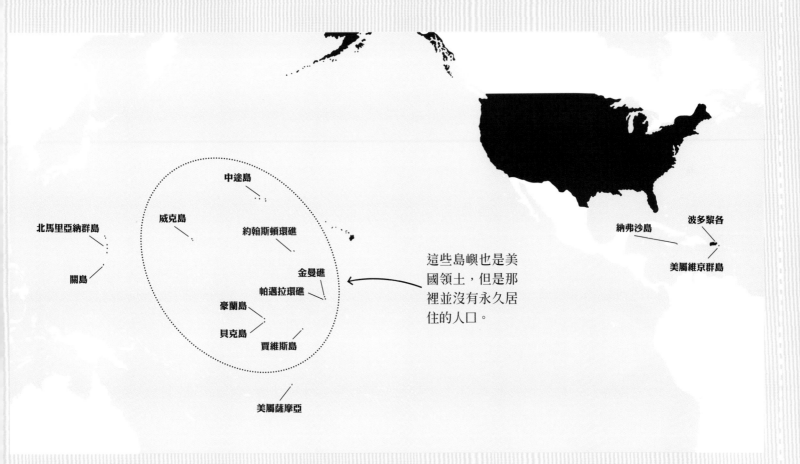

中途島

威克島

約翰斯頓環礁

北馬里亞納群島

關島

金曼礁

帕邁拉環礁

豪蘭島

貝克島

賈維斯島

這些島嶼也是美國領土，但是那裡並沒有永久居住的人口。

納弗沙島

波多黎各

美屬維京群島

美屬薩摩亞

▼ 美屬薩摩亞

一隻代表美國的禿鷹帶著一枝薩摩亞戰鬥用的棍棒（政府象徵）和一個抖動翅膀飛翔的動作（代表薩摩亞長者的智慧）。

▼ 波多黎各

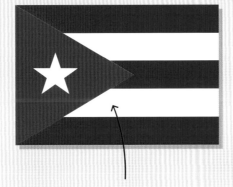

1952年官方正式採用這面旗子。這面旗子和古巴的國旗（見第27頁）很相似，但是三角形和長條紋的顏色是顛倒過來的。

▼ 美屬維京群島

美國禿鷹爪子上握著三把箭，代表島上三個主要的島嶼。另一隻爪子上則握著一根橄欖枝。

美國各州州旗

美國50個州都有各自的州旗，每面州旗也各自代表著每個州的特色。

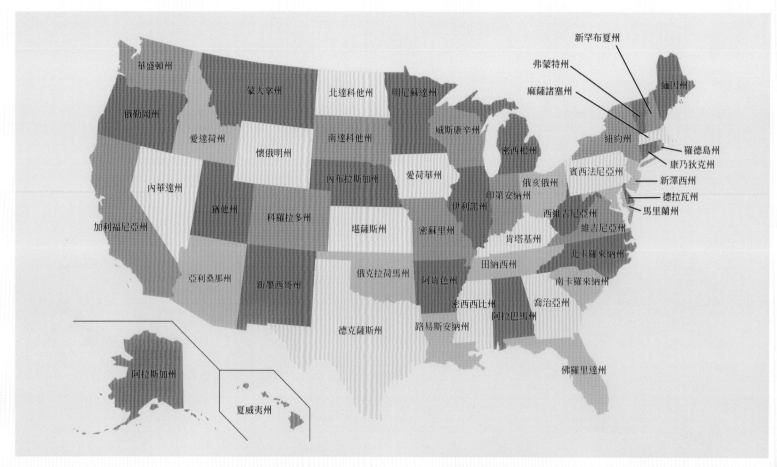

▼ 阿拉巴馬州

在白色的旗面上可以看到紅色的聖安德魯十字。這面旗子的設計和佛羅里達州的州旗很類似。也許反映了歷史關聯。

▼ 阿拉斯加州

這面旗子是1926年由一位年僅13歲的孤兒所設計的。特色是北極星和北斗七星的圖案，因為在阿拉斯加的上空可以看到這些星星。

▼ 亞利桑那州

紅色及黃色代表過去西班牙的統治。星星圖案則代表亞利桑那州的銅礦脈。

▼ 阿肯色州

白色小星星代表聯邦。底下三顆藍色星星則代表曾統治過阿肯色州的國家──西班牙、法國和現在的美國。

▼ 加利福尼亞州

灰熊和星星代表自由。1846年加州發生了熊旗叛亂，這場叛亂便是以上面的旗子來命名。這面旗子在1911年被採用為州旗。

▼ 科羅拉多州

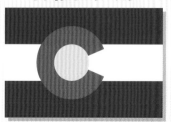

金色的球狀圖形代表科羅拉多州充沛的陽光。顏色設計上則和美國國旗相互輝映。

▼ 康乃狄克州

旗面上的盾牌有三株葡萄藤以及一句格言：「祂栽種（我們），亦養育（我們）」。

▼ 德拉瓦州

DECEMBER 7, 1787

旗面上標示著德拉瓦州加入聯邦的日期。盾牌徽章上則展示了獨立戰爭時期的人民形象。

國旗上有三種主要顏色——黃、藍、紅。黃色據說也代表國家的富有。

藍色象徵海洋。

紅色代表勇氣和守衛者的犧牲。

星星象徵八個省。

這些顏色也出現在哥倫比亞和厄瓜多的國旗上。這兩個國家曾和委內瑞拉在1819年至1831年期間一起被稱為大哥倫比亞。

委內瑞拉

採用日期:2006年

比例:2:3

用途:國家和民用

設計說明:黃色、藍色、紅色三種橫條紋以及八顆白色的星星。

委內瑞拉國旗上黃、藍、紅條紋的基本設計,來自19世紀獨立抗爭期間,一名革命領導人法蘭西斯柯·米蘭達(Francisco de Miranda)之手。此後,國旗的設計經歷了幾次變動,包括加上代表國家省分的七顆星星以及盾牌徽章。2006年,國旗上加上第八顆星,代表具有歷史意義的蓋亞那省。

委內瑞拉的盾牌徽章有時候會出現在國旗上。盾牌徽章上有一隻代表自由的奔馳白野馬、代表國家財富的一束束小麥以及象徵獨立戰爭的武器。

哥倫比亞

採用日期:1861年

比例:2:3

用途:國家

設計說明:上半部分是一塊粗厚的黃色橫條紋。藍色和紅色橫條紋則在下半部分。

哥倫比亞是以探險家哥倫布來命名,他是第一位主張將哥倫比亞納入西班牙的人。1819年當哥倫比亞脫離西班牙獨立,便以反抗軍攜帶的旗子作為新國旗的設計基礎。現在國旗上的顏色則有不同的象徵意義:

黃色=黃金、主權、正義或是自由。

藍色=海洋、忠誠、崇高、平等或是警惕。

紅色=鮮血、勇敢、犧牲或是榮耀。

國旗的顏色來自西蒙·波利瓦爾(Simón Bolívar)所領導的反抗軍軍旗。他所率領的軍隊為哥倫比亞從西班牙手中爭取到獨立。

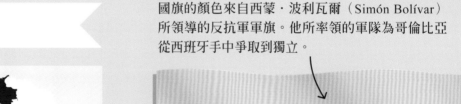

國旗顏色簡單來說,代表了國家的黃金、海洋以及英雄的鮮血。

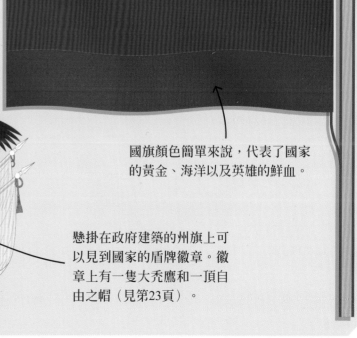

懸掛在政府建築的州旗上可以見到國家的盾牌徽章。徽章上有一隻大禿鷹和一頂自由之帽(見第23頁)。

厄瓜多

採用日期：1860年

比例：2：3

用途：國家

設計說明：有一條寬大的黃色橫條紋和二條狹窄的藍色和紅色橫條紋。中間是國家的盾牌徽章。

安地斯南美大禿鷹在盾牌徽章上飛翔（1900年才加上去），代表勇氣和自由。

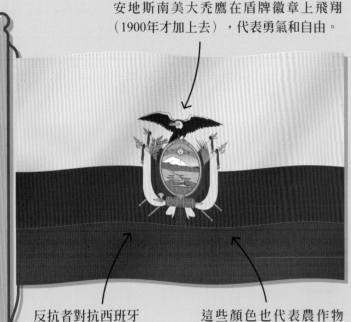

反抗者對抗西班牙時使用了黃色、藍色和紅色。

這些顏色也代表農作物（黃色）、獨立（藍色）和勇氣（紅色）。

厄瓜多的國旗顏色和哥倫比亞及委內瑞拉一樣，都反映了它們曾屬於大哥倫比亞的共同歷史。厄瓜多是世界上生物多樣性的國家之一，有特別多種類的動植物，這可以藉由國旗中間盾牌徽章上醒目的南美大禿鷹來說明。國旗上其他有趣的點包括安地斯山脈最高的山一欽波拉索山、圭亞河上的一艘蒸汽船。

安地斯南美大禿鷹是世界上最大的飛鳥之一，也是厄瓜多的國家象徵。

秘魯

採用日期：1825年

比例：2：3

用途：國家

設計說明：一條白色的直條紋隔開兩條紅色直條紋，中間則是國家的盾牌徽章。

盾牌徽章上有一隻秘魯的國寶——南美原駝。

徽章上有一棵金雞納樹和代表豐饒的羊角雕刻。

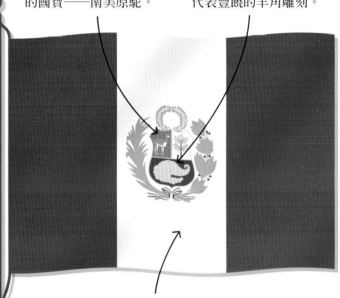

國旗上的紅色和白色來自秘魯的自由鬥士。它們也代表了和平（白色）、勇氣（紅色）和印加帝國。

當秘魯在19世紀脫離西班牙獨立時，解放軍就舉著紅白相間的旗子，這些顏色也代表了印加帝國。在西班牙人來此之前，印加帝國曾經統治過這個區域。國旗上的盾牌徽章也出現在所有秘魯的硬幣上。

國旗上有一個羊角圖案，羊角裡常常填滿花朵、水果和穀物，代表了富裕和豐饒。許多國旗上也可以見到這個圖案。

玻利維亞

採用日期：1851年

比例：15：22

用途：國家和民用

設計說明：三條紅色、黃色及綠色橫條紋。中間有國家的盾牌徽章。

紅色代表勇氣和力量。

黃色象徵國家的礦產。

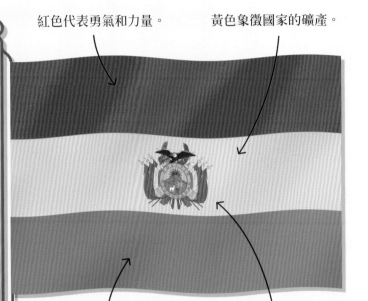

綠色代表肥沃的土地。

玻利維亞的盾牌徽章上有一隻南美大禿鷹。

玻利維亞是以革命領袖西蒙・波利瓦爾來命名。這個國家也是世界上少數有兩個首都的國家——蘇克瑞（Sucre）和巴斯（La Paz）。玻利維亞的國旗和迦納的國旗很像（見第72頁），但是玻利維亞的國旗中間是盾牌徽章，而迦納則是一顆黑色的星星。

雙國旗的國家

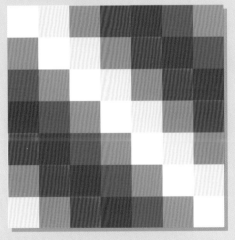

印加徽（Wiphala）是玻利維亞的第二面國旗。這面國旗是由49個代表玻利維亞原住民的方塊所組成。2009年，這面旗子變成玻利維亞的雙國旗之一。

這個男人穿著裝飾有印加徽國旗飾樣的玻利維亞傳統服飾。

巴西

採用日期：1889年
比例：7：10
用途：國家和民用
設計說明：綠色背景上有一顆黃色的鑽石圖案。中間是標有星星和國家格言的深藍色圓圈。

綠色和黃色代表葡萄牙統治巴西時期的布拉干薩─哈布斯堡王朝。

格言「Ordem e progresso」是指「秩序和進步」。

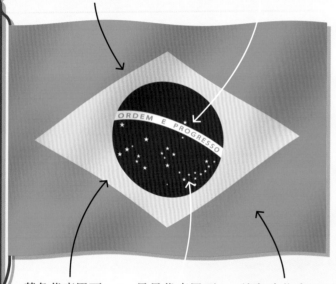

黃色代表巴西的礦產。

星星代表巴西各州。

綠色也代表巴西的雨林。

巴西是南美洲最大和世界第五大的國家。葡萄牙曾統治過這個國家，而巴西主要的語言仍然是葡萄牙語。熱情洋溢的綠色及黃色的國旗上標示有八個星座；1889年11月15日是巴西共和國創立的日期，這一天可以在巴西上空看到這些星座。星星也代表著巴西27個不同的行政區，1992年更新了國旗上的星星圖案，將最近設立的州也涵蓋進去。

星星和星座

1 南河三星（小犬星座）
2 大犬星座
3 老人星 （船底星座）
4 角宿一星（處女星座）
5 九頭蛇星
6 南十字星
7 南極星
8 南三角星
9 天蠍星

巴西各州州旗

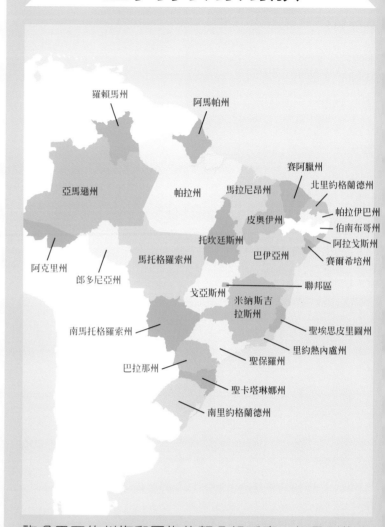

羅賴馬州
阿馬帕州
亞馬遜州
帕拉州
賽阿臘州
北里約格蘭德州
馬拉尼昂州
帕拉伊巴州
皮奧伊州
伯南布哥州
阿拉戈斯州
托坎廷斯州
巴伊亞州
賽爾希培州
阿克里州
馬托格羅索州
郎多尼亞州
聯邦區
戈亞斯州
米納斯吉拉斯州
南馬托格羅索州
聖埃思皮里圖州
里約熱內盧州
巴拉那州
聖保羅州
聖卡塔琳娜州
南里約格蘭德州

許多巴西的州旗和國旗的顏色相呼應，但是州旗上不只是顏色可以看。在這些象徵意義的背後還有許多各式各樣的故事。

▼ 聯邦區

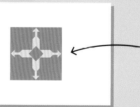

四個箭頭組成了一個十字的形狀，代表來自四面八方的力量。這面州旗代表國家首都的所在地。

▼ 阿克里州

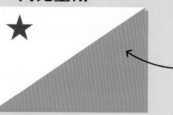

黃色代表富裕，綠色代表希望，紅星代表加入巴西的阿克里州。

▼ 阿拉戈斯州

州旗的顏色呼應了法國三色旗自由的理念。盾牌徽章上有漁業、甘蔗、棉花以及歷史悠久村莊的圖案。

▼ 阿馬帕州

州旗使用的是代表巴西的顏色，上面還有首府馬卡帕堡壘的輪廓圖。

▼ 亞馬遜州

白色星星代表25個市政區，大顆的星星代表首府瑪瑙斯。

▼ 巴伊亞州

白色三角圖案代表過去的叛亂。

星星代表帕拉州。

▼ 賽阿臘州

盾牌徽章代表該州的景觀。

NEGO代表「我拒絕」，所指的是1920年代時，州長被暗殺所發生的叛亂。

▼ 聖埃思皮里圖州

州旗上葡萄牙語格言意思是「工作和信任」。粉紅色和藍色條紋代表夜晚的天空。

▼ 戈亞斯州

左上角的白色星星代表南十字星座。

這面州旗來自1817年當地發生的革命。藍色象徵天空，白色象徵土地。

▼ 馬拉尼昂州

巨大的星星代表馬拉尼昂州。紅色、白色和黑色條紋則代表這區的族群。

▼ 馬托格羅索州

盾牌徽章上有這一艘漁船和該州的植物。

黃色的星星代表這一州。

▼ 南馬托格羅索州

綠色代表信仰，紅色代表力量，而黃色則代表工作。

黃色的星星代表這一州，而州旗還使用了和國旗相同的顏色。

▼ 米納斯吉拉斯州

LIBERTAS QUÆ SERA TAMEN

在州徽上的老鷹象徵力量和希望。

三角形圖案代表過去抗爭期間所使用代表平等的符號。

▼ 帕拉州

星星代表帕拉州。

▼ 帕拉伊巴州

NEGO

上面有三條對角條紋，一顆代表巴西的金色星星，底下還有一條代表赤道的紅線。

▼ 巴拉那州

PARANÁ

州旗的中間有南十字星座和該州的名稱。

中間的盾牌徽章上方有一頂自由之帽（見第23頁）。

▼ 伯南布哥州

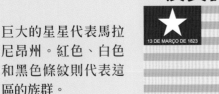

黑、白和紅色象徵這個區域不同的族群。四顆代表南十字星座的星星則環繞在巴西地圖的周圍。

▼ 皮奧伊州

13 DE MARÇO DE 1823

星星代表該州的河流河口。條紋則代表該州和巴西的結合。

州旗的顏色來自國旗，而大顆的星星則代表皮奧伊州。

▼ 北里約格蘭德州

太陽代表希望，就位在代表和平的白色對角條紋上。藍色和黃色的對角形則代表這個區域的水及土壤。

▼ 南里約格蘭德州

▼ 里約熱內盧州

▼ 郎多尼亞州

白色的星星代表這一州。

▼ 羅賴馬州

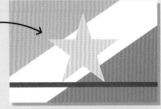

▼ 聖卡塔琳娜州

▼ 聖保羅州

▼ 賽爾希培州

▼ 托坎廷斯州

巴拉圭

採用日期：1842年

比例：3：5

用途：國家和民用

設計說明：國旗正面有紅色、白色及藍色的三種橫條紋，中間有一個盾牌徽章。背面則是一個財政的徽章。

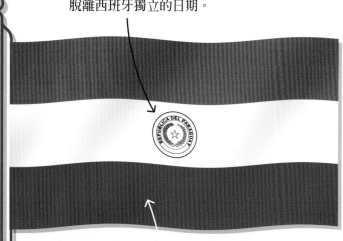

五月太陽的州徽代表1811年巴拉圭脫離西班牙獨立的日期。

紅色、白色及藍色呼應了法國三色旗自由、平等和博愛（團結）的理念。

從1811年宣布獨立之後，到1842年採用現在的國旗前，巴拉圭經歷了許多次國旗的設計。這面國旗很特殊，因為正反面有著不同設計。前面有一個黃色的五角星星，據說這顆星星在宣布脫離西班牙獨立時，一直閃耀在首都亞松森的上空；背面則有一個官方政府的徽章圖案。

國旗背面的財政徽章有一隻守護自由之帽（見第23頁）的獅子。

烏拉圭

採用日期：1830年

比例：2：3

用途：國家和民用

設計說明：有九條藍色和白色條紋相間，左上角的白色方塊標示著太陽的符號。

五月的太陽是國家的象徵。

九個條紋代表國家的九個部門（行政區）。

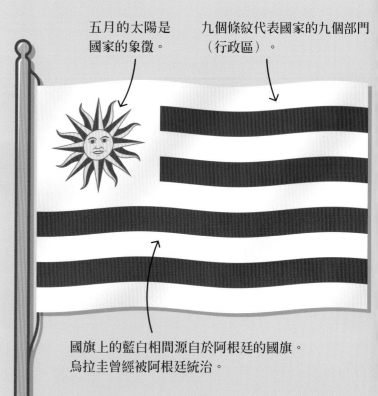

國旗上的藍白相間源自於阿根廷的國旗。烏拉圭曾經被阿根廷統治。

西班牙和葡萄牙曾爭奪烏拉圭多年，到了19世紀，解放領袖終於幫助國家脫離西班牙獨立，而當時使用的旗子上便有阿根廷的藍白條紋旗。因為是在五月份宣布獨立，而以五月太陽的符號作為象徵，還可以在烏拉圭和阿根廷的國旗上看到這個圖案。

五月太陽的符號有波浪狀和直射的光芒。全國各地都會使用這個象徵榮耀的圖案。

阿根廷

採用日期：1816年

比例：9：14或是5：8

用途：國家和民用

設計說明：中間有一條白色橫條紋，上下則是藍色橫條紋。中間還有一顆太陽的符號。

淡藍色和白色是1812年反西班牙革命者所使用的顏色。

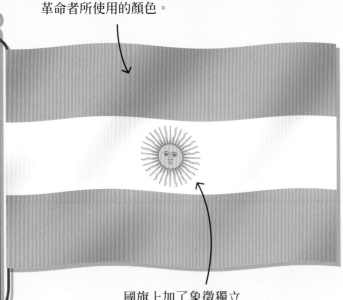

國旗上加了象徵獨立的五月太陽的符號。

在阿根廷對抗西班牙的獨立戰爭期間，解放勢力會使用藍白相間的旗子。1818年，國旗上加入了另一個象徵獨立的太陽符號，有些人將這符號視為印加民族所敬奉的太陽神因蒂（sun god Int）。印加民族曾統治過部分的南美洲。因蒂也被稱為阿普·蓬喬（Apu Punchau），而印加人相信，祂和祂的姐姐「月亮之母」奇拉媽媽（Mama-Kilya）是他們的祖先。

反西班牙革命者所戴的帽子上有一種被稱為「cockades」的淡藍色及白色緞帶花結。

智利

採用日期：1817年

比例：2：3

用途：國家和民用

設計說明：左上角的藍色方塊中間有一顆五角白星；白色長方區塊則一直延伸到國旗右方；下方是一個紅色橫條紋。

藍色代表天空和海洋。　　白色代表安地斯山脈的白雪。

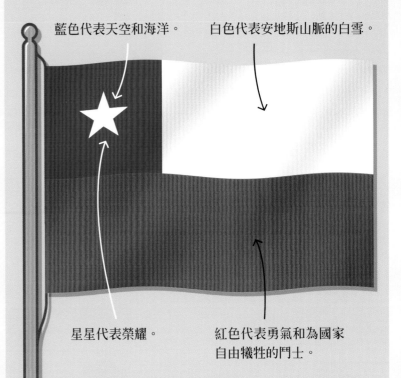

星星代表榮耀。　　紅色代表勇氣和為國家自由犧牲的鬥士。

智利的國旗又稱為「孤星旗」。因為德州州旗有時也被暱稱為孤星旗（見第21頁），所以有時有些人會和智利國旗搞混。智利很重視懸掛國旗一事，人民若在三個國定假日之外懸掛國旗，就是違法的。不過，從2011年起，只要正確懸掛國旗，公民就可以全年懸掛國旗。

智利的國旗有一部分代表的是安地斯山脈的白雪及上頭的藍天。

非洲

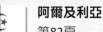

突尼西亞

摩洛哥

西撒哈拉
(爭議領地)

阿爾及利亞

利比亞

埃及

茅利塔尼亞

馬利

尼日

查德

蘇丹

厄利垂亞

吉布地

塞內加爾

甘比亞

布吉納法索

衣索比亞

幾內亞

亞比索

象牙海岸

迦納

奈及利亞

中非共和國

南蘇丹

獅子山

賴比瑞亞

多哥

貝南

喀麥隆

索馬利亞

赤道幾內亞

加彭

剛果
共和國

盧安達

烏干達

肯亞

聖多美普林西比

剛果民主共和國

蒲隆地

坦尚尼亞

賽席爾

安哥拉

尚比亞

莫三比克

葛摩聯盟

馬達加斯加

辛巴威

馬拉威

納米比亞

波札那

模里西斯

史瓦帝尼

南非

賴索托

南非

採用日期：1994年
比例：2：3
用途：國家和民用
設計說明：左邊是一個有金色邊框的黑色三角圖案。白色輪廓的綠色Y字圖形，上下各有一條紅色和藍色條紋。

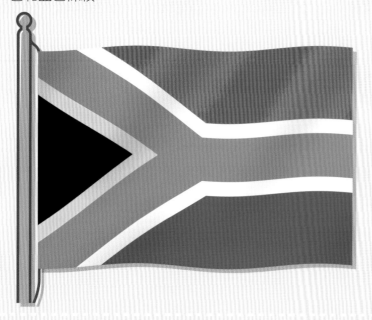

因為國家有許多種族和語言，南非又常常被稱為「彩虹國」。1994年開始採用這面國旗，這也是南非結束種族隔離政策並開始新民主的時刻。

新國旗上的顏色透露了南非的過去

紅色、白色和藍色來自英國和荷蘭的國旗，這兩個國家都曾統治過南非。紅色也代表國家成立時所經歷的血腥。

黑色、綠色和金色則來自非洲人國民大會，簡稱非國大（ANC）所用的旗子。非國大是1912年為了結束種族隔離政策、團結非洲人並將他們由歧視及壓迫解放出來所成立的國家運動。黑色代表非洲原住民、綠色代表肥沃的土地、金色則代表國家的財富。

2010年南非舉辦世界盃足球賽。照片中南非第一位黑人總統納爾遜·曼德拉（Nelson Mandela）手握金盃，南非國旗也在其中驕傲地飛揚。

賴索托

採用日期：2006年

比例：2：3

用途：國家和民用

設計說明：藍、白和綠色三種橫條紋。中間有一頂黑色的傳統賴索托草帽。

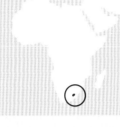

藍色條紋代表天空和雨水。賴索托以夏日的雷雨和晴朗的山巒天空景色而聞名。

白色條紋代表和平。

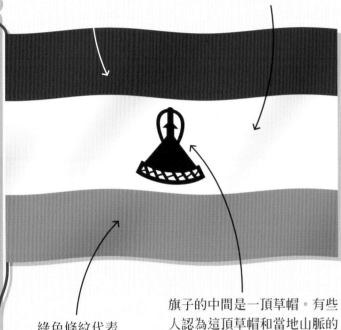

綠色條紋代表土地和繁榮。

旗子的中間是一頂草帽。有些人認為這頂草帽和當地山脈的形狀相呼應，又或者也許是來自他國的移民者將這種草帽帶到賴索托的。草帽是黑色的，代表賴索托是一個黑人國家。

賴索托被稱為「天空中的王國」，是一個完全被南非所圍繞，多山的國家。現在的國旗是為了紀念國家獨立40週年所採用的。國旗上舊有的圖案是盾牌、茅，以及一把尾端有球型握把、傳統上被用來當作武器的短木棍。為了表示賴索托平和的天性，黑色草帽取代了這個圖案。

草帽是賴索托的國家象徵。

史瓦帝尼（史瓦濟蘭）

採用日期：1967年

比例：2：3

用途：國家和民用

設計說明：有五條大小不一的條紋，顏色由上而下依序是藍色、黃色、紅色、黃色和藍色。中間則有一個盾牌、兩把鏢槍和一根戰鬥用的木棍。

藍色代表和平。

黃色代表礦產財富。

紅色代表過去的戰役。

兩把鏢槍（長矛）。

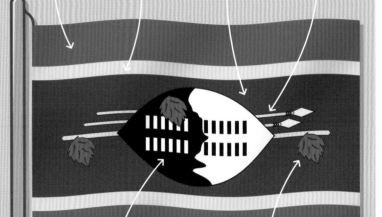

盾牌是根據1920年代時由史瓦濟艾瑪索沙（Emasotsha）軍團所用的盾牌。

戰鬥用的木棍裝飾有被稱為「injobo」的羽毛流蘇。這種羽毛是來自當地的兩種常見物種——鳳凰雀和羅利鳥（lourie）。

史瓦帝尼是另一個完全被南非包圍的內陸國家。史瓦濟人以驍勇善戰而聞名也反映在國旗上，中間是一個由黑白相間公牛皮所製成的傳統盾牌。

當1968年脫離英國獨立時，史瓦濟人就採用了現在的國旗。這個國家一直都被叫做史瓦濟蘭，直到2018年，國王指示改名為史瓦帝尼。

馬達加斯加

白色和紅色象徵瑪利納王國。1896年法國占領馬達加斯加之前,這個王國曾經統治過這裡。

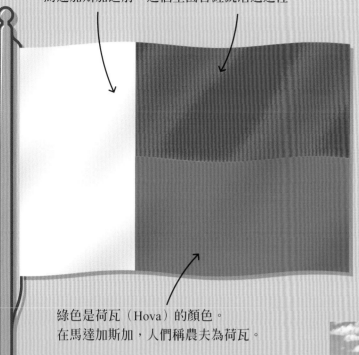

綠色是荷瓦(Hova)的顏色。
在馬達加斯加,人們稱農夫為荷瓦。

安塔那那利弗是馬達加斯加的首都。曾經統治過這裡的瑪利納國王創立了這個首都,而代表這個國王的紅白相間的顏色也出現在旗子上。

採用日期: 1958年
比例: 2:3
用途: 國家和民用
設計說明: 左邊有一條垂直的白色長方形,右邊則是紅色和綠色橫條紋。

馬達加斯加是印度洋上的群島,也是世界上物種最多元的地方之一。國旗採用的時間剛好是馬拉加西共和國(Malagasy Republic)成立、脫離法國邁向獨立的第一步時。這面國旗除了提到國家的歷史,國旗上的顏色也代表主權(紅色)、希望(綠色)和純潔(白色)。

模里西斯

採用日期: 1968年
比例: 2:3
用途: 國家
設計說明: 紅色、藍色、黃色和綠色的橫條紋。

模里西斯的國旗是世界上唯一一面用四條不同顏色橫條紋的旗子。國旗的顏色反映在國家的盾牌徽章。綠色也呈現出這個島嶼常年茂盛的景觀。

在度度鳥被捕獵滅絕前,這座小島是唯一發現這種鳥類的地方。

紅色代表獨立。

黃色代表明亮的未來。

藍色代表印度洋。

綠色代表模里西斯豐富的景觀。

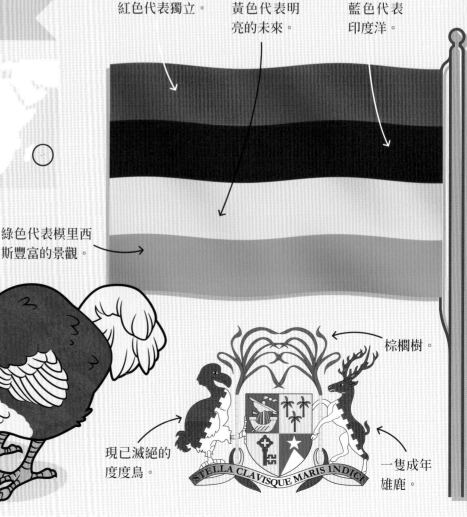

棕櫚樹。

現已滅絕的度度鳥。

一隻成年雄鹿。

葛摩聯盟

採用日期：2001年
比例：3：5
用途：國家和民用
設計說明：左邊的三角圖案標示著伊斯蘭的新月和四顆星星。右邊則有四條黃色、白色、紅色和藍色橫條紋。

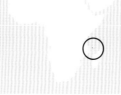

綠色是伊斯蘭教的傳統顏色。新月形圖案則是傳統的符號。

每一個條紋象徵著葛摩聯盟四座不同的島嶼。

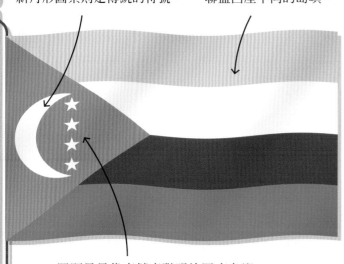

四顆星星代表葛摩聯盟的四座島嶼。自1975年始，這四顆星星和新月就出現在國旗上。

這個群島是以阿拉伯語的月亮「Qamar」來命名，所以葛摩聯盟的國旗上出現月亮，一點也不令人驚訝。國旗的顏色和主題可以追溯至1975年國家獨立運動時，而四個條紋和星星代表四個主要的島嶼，儘管其中一座島嶼——美約特島仍屬於法國的領地。

葛摩群島

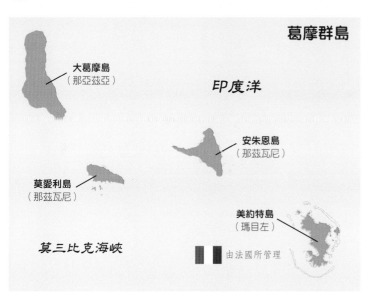

大葛摩島
（那亞茲亞）

印度洋

安朱恩島
（那茲瓦尼）

莫愛利島
（那茲瓦尼）

美約特島
（瑪目左）

莫三比克海峽

由法國所管理

賽席爾

採用日期：1996年
比例：1：2
用途：國家和民用
設計說明：從左下角發散出藍、黃、紅、白和綠色的光芒。

國旗的顏色代表賽席爾不同的政黨。

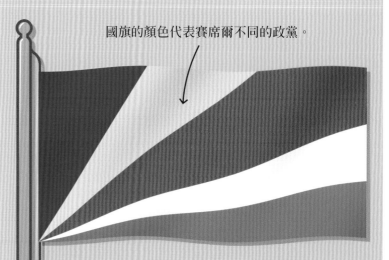

賽席爾是東非印度洋上的群島，該國有115座島嶼，許多島嶼被劃定為自然保護區。這個群島在1976年脫離英國獨立。國旗的藍色代表天空和海洋、黃色代表太陽的亮光。紅色代表辛勤的人民；白色象徵和諧，而綠色則象徵土地。

在賽席爾的盾牌徽章上可以看到巨型烏龜、旗魚和白尾熱帶鳥。

FINIS·CORONAT·OPVS

莫三比克

採用日期：1983年
比例：2：3
用途：國家和民用
設計說明：左邊的紅色三角圖案上有國家的徽章。綠色、黑色及黃色橫條紋則由狹窄的白色邊界分割開來。

綠色象徵肥沃的土地。　黑色代表非洲大陸。　白色代表和平。

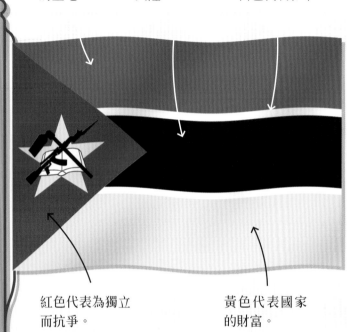

紅色代表為獨立而抗爭。　黃色代表國家的財富。

莫三比克的旗子是世界上唯二的國家中，有槍枝圖案（見本書第23頁瓜地馬拉）。國旗的顏色本來是莫三比克解放前線（FRELIMO）政黨所使用的顏色，該政黨在1960至1970年代曾為脫離葡萄牙爭取獨立而戰。

莫三比克的徽章就在星星上。這象徵國際化及社會主義政治。

鋤頭代表農業。

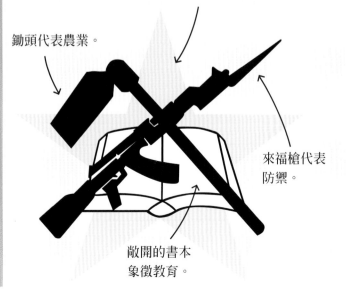

來福槍代表防禦。

敞開的書本象徵教育。

辛巴威

採用日期：1980年
比例：1：2
用途：國家和民用
設計說明：左邊的白色三角圖案上有辛巴威的徽章，並以黑色作為邊框；還有七條綠色、黃色、紅色和黑色的橫條紋。

辛巴威的國家徽章。

綠色、黃色、紅色及黑色是辛巴威非洲民族聯盟（ZANU）的顏色。現在這個政黨分裂成兩個黨派——現在執政的辛巴威非洲民族聯盟-愛國陣線（ZANU–PF）和反對黨辛巴威非洲民族聯盟-農加（ZANU–Ndonga）。

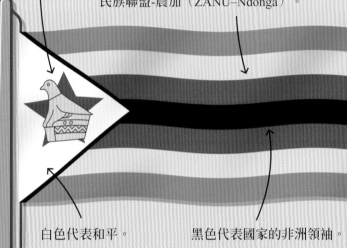

白色代表和平。　黑色代表國家的非洲領袖。

1980年，當辛巴威脫離英國獨立，就由辛巴威非洲民族聯盟-愛國陣線控制政權。國旗則反映了政黨的顏色。紅色也代表在爭取獨立過程中所流的血，綠色代表土地，而黃色則代表國家的礦產。徽章上的辛巴威鳥則是根據古城大辛巴威所發現的離刻而獲取的靈感。

辛巴威的徽章是受到像老鷹般的小鳥所啟發。這種鳥類出現在許多大辛巴威古城的古老石柱上。城市的廢墟曾是過往國家國王的居住地。

波札那

採用日期：1966年

比例：2：3

用途：國家和民用

設計說明：一條有白色邊框的黑色條紋分隔了藍色的橫條紋。

黑色和白色代表波札那的族群和諧。

藍色代表水分和生命。

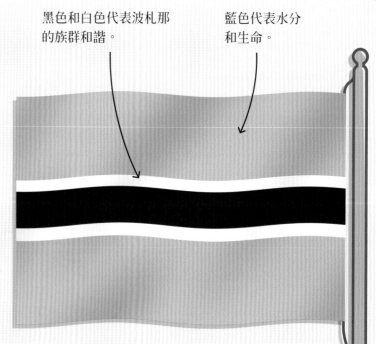

國旗上的藍色代表波札那的雨季。黑白相間的條紋則代表該國的國寶——斑馬。

1966年，當波札那脫離英國獨立時，國旗第一次得以在天空中飄揚。國旗的藍色代表賦予生命、對國家很重要的雨水。波札那常常受旱災所苦，而國家的盾牌徽章則包括座右銘「讓那裡降雨吧（Pula）」。

納米比亞

採用日期：1990年

比例：2：3

用途：國家和民用

設計說明：帶有白色邊框的紅色對角條紋分隔了綠色和藍色的三角圖形。黃色的太陽圖形則在藍色的三角圖案上。

太陽代表生命和活力。

白色、藍色及紅色是前政黨特恩哈爾民主聯盟的顏色。

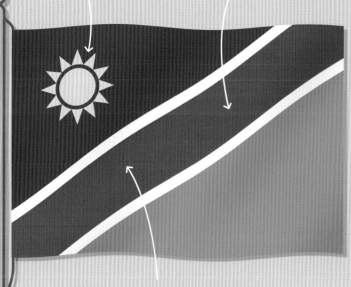

藍、綠、紅是納米比亞執政黨——西南非洲人民組織所代表的顏色。

納米比亞的盾牌徽章上包括當地發現的巨羚和魚鷹。

1990年，納米比亞脫離南非獨立，而那時的主要政黨則反映在國旗的顏色上。國旗的顏色也反映了國家的人民和景觀，藍色象徵天空、海洋和水分；紅色是人民及決心；白色是和平統一的象徵；綠色則代表土地和農作物。

船隻與飛機

下次如果你看到船隻、遊艇或是國家航空公司,請一定要看看上頭懸掛的特殊旗子。

國家海軍旗

懸掛在船隻上的旗子常常和在陸地上的設計不一樣。這些旗子的種類五花八門,也有嚴格的使用規則。

艦旗

艦旗展現了船隻的國籍,通常會懸掛在船尾或是旗桿最高處。當船隻進港或離港、駛過外海和如果戰艦下達命令時,便會懸掛上艦旗。

海軍可能會有特殊的艦旗設計。當船隻行駛中、在晨昏儀式船隻下錨時,或是在戰鬥中,海軍便會懸掛艦旗。船隻行駛中,若降下艦旗便是暗示投降。

英國國旗

被民用船隻所使用的艦旗。這面旗子綽號是紅色抹布。

皇家海軍船隻所使用的艦旗。

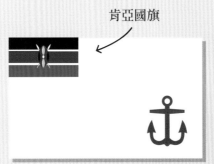

肯亞國旗

肯亞海軍船隻所使用的艦旗。

船首旗桿旗

船首旗桿旗的面積比艦旗小,會懸掛在船首。當船隻進港或是下錨時,就會懸掛。

巴拉圭使用的船首旗桿旗。

船首旗桿旗可以和國旗相同或用特殊的設計。這面巴拉圭的船首旗桿旗和國旗(下圖)類似但又不盡相同。

禮儀旗

軍階旗

艦旗

公司旗
船首旗桿旗

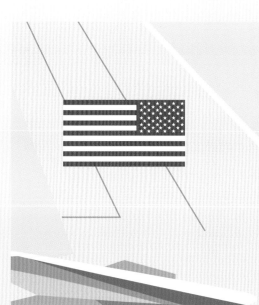

國旗出現在飛機機尾的原因？

國旗常常會被設計在國家航空公司的飛機、軍機、太空船的機尾上，這是因為當這些交通工具前行時，在機尾的國旗就會如同飄揚的樣子，翱翔天際。

禮儀旗

船隻造訪他國時所用的旗子。面積比商船旗來得小，通常懸掛在船首。

燕尾旗

遊艇有時會在旗桿上懸掛燕尾旗，用來表示航行俱樂部的會員。

公司旗

公司旗是船公司的旗子，常常在船首飄揚。

曾經擁有著名鐵達尼號的白星郵輪的公司旗。

軍階旗

如果海軍軍官掌舵當家時，海軍軍艦上也許會使用官階旗。這也是「旗鑑（flagship）」這個詞的由來，意思是指揮一個艦隊的船隻。海軍軍官的軍階會透過旗子上的星星或圓點來表示。

美國海軍軍階旗

海軍五星上將

海軍上將

海軍少將

海軍少將（准將）

燕尾旗

禮儀旗

艦旗

安哥拉

採用日期：1975年

比例：2：3

用途：國家和民用

設計說明：紅色和黑色的橫條紋，中間有一個黃色齒輪、大砍刀和星星。

星星代表社會主義的政治理念。

齒輪用具代表工業。

紅色象徵爭取獨立期間所流的血。

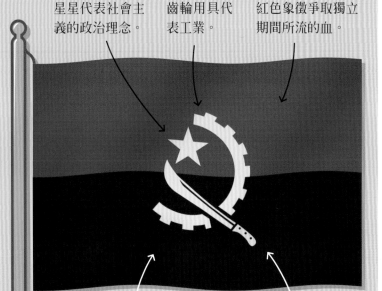

國旗的顏色是根據曾爭取獨立的安哥拉人民解放運動政黨的顏色來設計。

大砍刀代表農業團體。

安哥拉在1975年脫離葡萄牙獨立，而安哥拉人民解放運動黨則變成了執政黨，他們設計了國旗上的圖案來表達政治理念。國旗的黑色代表非洲，而金色是國家財富的象徵。

有一些國旗表達了某種特殊的政治理念，安哥拉國旗便是一個很好的例子。國旗的圖案傳達了共產主義的想法，呼應了下圖的鐵鎚和鐮刀的圖案。

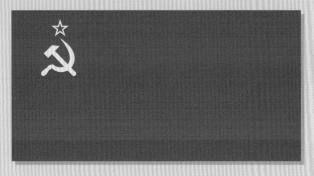

這是1923～1991年，前蘇聯的官方旗子。

尚比亞

採用日期：1964年

比例：2：3

用途：國家和民用

設計說明：在綠色背景的右上有一隻橘色的魚鷹。魚鷹圖案的下方有三條垂直的紅色、黑色和橘色條紋。

綠色象徵尚比亞肥沃的農田。

魚鷹代表自由。

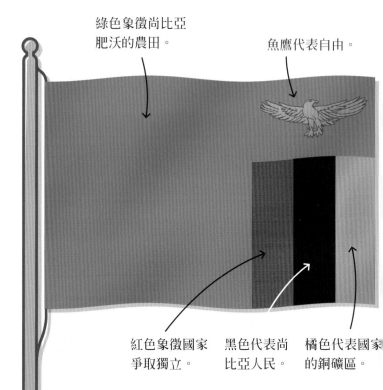

紅色象徵國家爭取獨立。

黑色代表尚比亞人民。

橘色代表國家的銅礦區。

因為象徵性的圖案在旗面的外側邊而不是旗軸，所以尚比亞的國旗顯得特殊。魚鷹的圖案來自國家的盾牌徽章，據說代表尚比亞人民的希望。三個條紋的顏色來自曾領導國家爭取獨立的聯合國獨立黨所代表的顏色。

非洲魚鷹是尚比亞的國鳥。

馬拉威

採用日期： 1964年；2012年又重新採用

比例： 2：3

用途： 國家和民用

設計說明： 黑色、紅色和綠色的橫條紋。在黑色條紋的中間是一顆冉冉而升的紅色太陽。

黑色象徵非洲的文化遺產。

日出代表一個新的開始。太陽有31道光芒，因為馬拉威是第31個獲得獨立的國家。

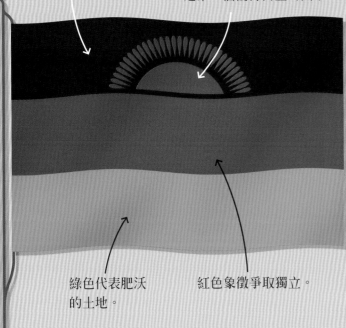

綠色代表肥沃的土地。

紅色象徵爭取獨立。

馬拉威的名字來自16世紀曾統治過這個區域的非洲王國馬拉維（Maravi）。1964年，馬拉威脫離英國獨立，而國旗上的顏色是曾經推動獨立的馬拉威國會黨所代表的顏色。這個國家又稱為「非洲的溫暖之心」。國旗上日出的圖案代表溫暖以及國家未來的希望。

馬拉威湖有美麗的夕陽，像下圖一樣。這樣的太陽出現在國旗上。

坦尚尼亞

採用日期： 1964年

比例： 2：3

用途： 國家和民用

設計說明： 中間有一條黃色邊框的黑色對角條紋，兩旁則是綠色和藍色的三角圖形。

綠色代表肥沃的土地。

黑色代表坦尚尼亞人民。

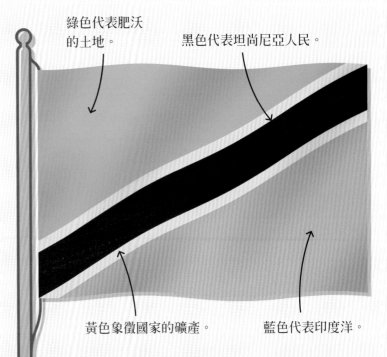

黃色象徵國家的礦產。

藍色代表印度洋。

坦尚尼亞是非洲最高山脈——吉力馬扎羅山的所在地，也是一個相當年輕的國家。1961年，坦噶尼喀（Tanganyika）區脫離英國獨立，然後和桑吉巴（Zanzibar）組成坦尚尼亞。國旗的設計和顏色結合了兩地之前使用的國旗，並呈現出它們如何組成一個國家的設計。

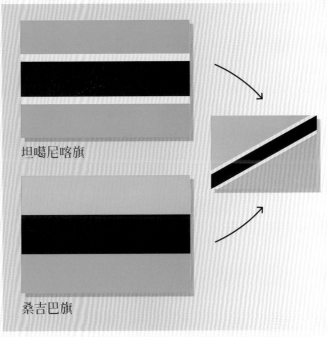

坦噶尼喀旗

桑吉巴旗

肯亞

採用日期： 1963年

比例： 2：3

用途： 國家和民用

設計說明： 中間有一面非洲傳統盾牌和兩把鏢槍，而白色的框邊則把紅、黑、綠三種橫條紋分隔開來。

肯亞國旗上的盾牌和交錯的鏢槍代表了國家的文化遺產和保衛自由。在肯亞和坦尚尼亞放牧牛群的半遊牧民族馬賽人會使用這種盾牌。白色的條紋則是象徵和平。在獲得獨立後，肯亞便採用了這面國旗。

盾牌的圖案來自肯亞的盾牌徽章。

紅色、黑色、綠色和白色是肯亞非洲民族聯盟（Kenya African National Union-KANU）的代表顏色。這是一個為國家爭取獨立的政黨。

國旗上的顏色也代表為獨立而奮鬥（紅色）、非洲文化遺產（黑色）以及土地（綠色）。

傳統上，馬賽盾牌上的圖案會使用紅色、黑色及白色。

靠近一點看，可以在馬賽盾牌上看到許多細節及圖案。

烏干達

採用日期：1962年

比例：2：3

用途：國家和民用

設計說明：有六條黑色、黃色及紅色交錯的橫條紋。中間是一個標示有灰冠鶴的白色圓圈。

黑色、紅色及黃色代表烏干達人民國會黨（Uganda People's Congress-UPC）。

灰冠鶴是烏干達的國鳥。

烏干達的國旗顏色代表1962年脫離英國獨立時，當時掌權的政黨所代表的顏色。這些顏色也有其他涵義，黑色條紋代表人民及國家的土壤；黃色條紋象徵太陽；紅色條紋則連結了透過人民的鮮血而團結的過程。

灰冠鶴有1米高。

盧安達

採用日期：2001年

比例：2：3

用途：國家和民用

設計說明：有一條藍色的橫條紋和兩條狹長的黃色和綠色條紋。

淡藍色代表希望。

金黃色的太陽圖案代表啟發的思想和無知的終結。

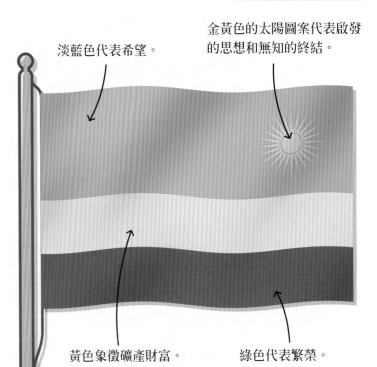

黃色象徵礦產財富。

綠色代表繁榮。

盧安達在1962年脫離比利時獨立後，經歷了一段動盪不安的時期。2001採用的新國旗，用意是為了將這個國家的困境留在過去。國旗的圖案象徵了對未來的希望和信心。

REPUBULIKA Y'U RWANDA

UBUMWE - UMURIMO - GUKUNDA IGIHUGU

咖啡樹

傳統盧安達篾子

高粱

盧安達的盾牌徽章標示著一個傳統篾子，周圍環繞的是代表國家團結的繩子。

蒲隆地

採用日期：1967年

比例：3：5

用途：國家和民用

設計說明：白色圈圈裡有三顆綠色輪廓的紅色星星。白色對角十字將國旗分成紅色和綠色區塊。

星星代表蒲隆地的三個族群——吐斯族（Tutsi）、胡圖族（Hutu）和士哇族（Twa）。

白色象徵和平。

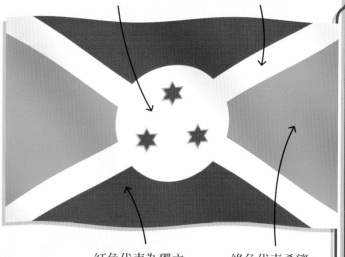

紅色代表為獨立而抗爭。

綠色代表希望。

蒲隆地是政治改變國旗樣式的例子。1962年當這個國家脫離比利時獨立，國旗上有一個象徵君主體制的大鼓圖案，直至1966年，蒲隆地變成共和國，便移除了大鼓的圖案。國旗上的星星代表該國三個主要的族群，也是格言上的三個目標——團結、工作、進步。

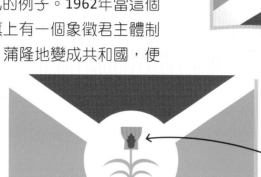

在蒲隆地變成共和國之前，國旗（如圖）包括了一面皇家大鼓和重要的穀類農作物——高粱。

傳統的蒲隆地鼓手身穿國旗顏色的衣服。

剛果民主共和國

採用日期：2006年
比例：3：4
用途：國家和民用
設計說明：一條帶黃色邊框的紅條紋橫穿過藍色旗面，左上角有一顆黃色大星星圖案。

1877～1908年間的國旗用了藍色的背景和黃色的星星圖案。

黃色代表未來的希望。

紅條紋代表那些曾為國犧牲的人所流的鮮血。

自從1960年剛果民主共和國脫離比利時獨立後，這個國家的國旗變更了好幾次。國旗曾經有一陣子很像上圖，但是底色更深藍，而且對角的條紋在不同的方向且更狹長。1971～1997年間，國家又稱為薩伊（Zaire），國旗是綠色的，中間則有一把燃燒的火炬。

國家的盾牌徽章上有豹頭、大象長牙及一把鏢槍。

剛果共和國

採用日期：1959年，1991年重新採用
比例：2：3
用途：國家和民用
設計說明：有一條對角的黃條紋分隔綠色、紅色區塊。

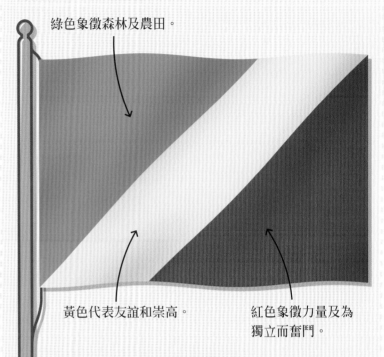

綠色象徵森林及農田。

黃色代表友誼和崇高。

紅色象徵力量及為獨立而奮鬥。

剛果共和國曾被法國統治，於1960年獨立。它的國旗採用了代表泛非主義的顏色，這種顏色在全非洲大陸使用（見第65頁）並代表兩國間彼此的團結。但是隨著馬克思革命，國旗的圖樣演變成根據前蘇聯國旗為範本來設計。1991年，在前蘇聯垮台後，又重新恢復了上面的國旗樣式。

剛果共和國是非洲森林大象的家。國家的盾牌徽章上也有這種大象的圖案。

加彭

採用日期：1960年
比例：3：4
用途：國家和民用
設計說明：綠色、黃色和藍色三
種橫條紋。

1960年加彭脫離法國獨立，國旗的設計則
呼應了法國的三色旗。加彭的國家公園很
有名，是稀有動物的家鄉（如黑猩猩）。
加彭的海洋是海龜、座頭鯨、鯨魚及海豚
的故鄉。

綠色代表加彭茂盛
的熱帶景觀。

黃色象徵太陽也代表橫跨
加彭的赤道。

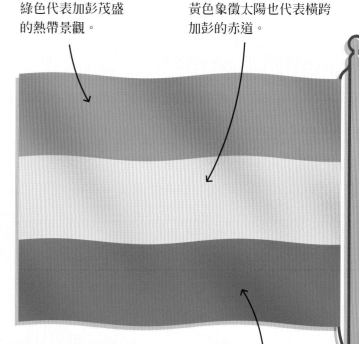

藍色代表大西洋。

國旗上的藍色代表
加彭的海岸線。

國家的解放運動也使用了
和國旗相同的顏色。

星星代表國家的
兩座島嶼。

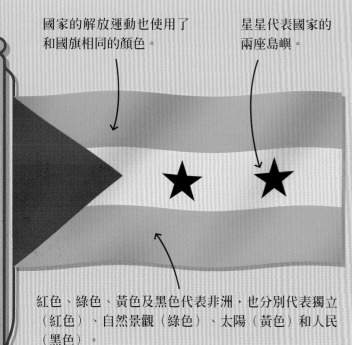

紅色、綠色、黃色及黑色代表非洲，也分別代表獨立
（紅色）、自然景觀（綠色）、太陽（黃色）和人民
（黑色）。

1975年開始，聖多美普林西比島嶼便脫離葡萄
牙獨立並採用了這面國旗，群島是古老的火山
島。國旗上的綠色代表該國的景觀，這裡有一部
分被森林所覆蓋，也是稀有鳥類的家鄉。聖多美
有一座歐布國家公園，而在普林西比的海岸處
則有一處重要的海洋保護區。

聖多美普林西比

採用日期：1975年
比例：1：2
用途：國家和民用
設計說明：左邊是一個紅色
三角形。寬闊黃色橫條紋的
上下是綠條紋，在黃條紋上
有二顆黑色的星星。

這個國家以鳥類聞名。
盾牌徽章上可以看到獵
鷹及鸚鵡。

赤道幾內亞

採用日期：1968年

比例：2：3

用途：國家和民用

設計說明：左邊是一個藍色三角形，還有綠色、白色及紅色橫條紋。中間則是國家的盾牌徽章。

藍色三角形代表大西洋。

綠色象徵農業。

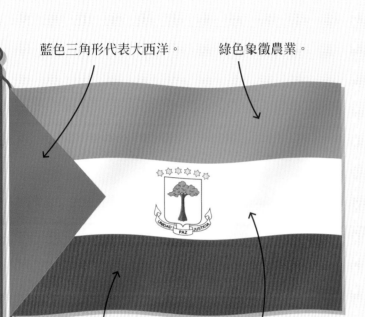

紅色象徵獨立。

白色代表和平。

赤道幾內亞曾經被西班牙統治過，直到1968年獨立前，它都還是西班牙的海外省分。國旗中間的盾牌徽章標示著六顆星星，代表組成國家的大陸和五個島嶼。國旗上還有絲棉樹、一面銀色盾牌和一句格言——團結（Unidad）、和平（Paz）、正義（Justicia）。

西班牙和當地領袖的第一份條約據說是在絲棉樹下簽的。

喀麥隆

採用日期：1975年

比例：2：3

用途：國家和民用

設計說明：有綠色、紅色和黃色的直條紋，中間是一顆黃色大星星。

綠色象徵國家的森林也代表希望。

紅色代表國家的團結。

黃色象徵國家熱帶稀樹草原的景觀。

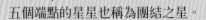

五個端點的星星也稱為團結之星。

喀麥隆有各式景觀，而國旗上出現了象徵稀樹草原和森林的顏色。一戰後到1960年代初期獲得獨立前，這個國家分別被法國和英國占領。1957年國旗採用了直條紋，並呼應了法國的三色旗，到了1975年加上的星星圖案代表了北方和南方的團結。

在1990年的世界盃足球賽中，喀麥隆是非洲第一支進入四強比賽的隊伍，最後在延長賽中輸給了英格蘭。

中非共和國

採用日期：1958年

比例：3：5

用途：國家和民用

設計說明：一條紅色直條紋貫穿在藍色、白色、綠色和黃色的橫條紋上。左上角則有一顆黃色的星星。

星星代表對明亮未來的希望。

紅色條紋代表為爭取獨立所流的鮮血，也代表團結。

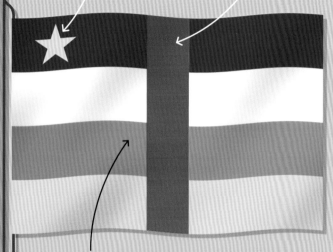

中非共和國的國旗結合了代表泛非主義的紅色、黃色和綠色（見第65頁）和法國的三色旗（見第88頁）。

1960年中非共和國脫離法國獨立，而它的國旗便包括了法國的三色旗和代表泛非主義的顏色。盾牌徽章有一隻代表國家豐富野生動物的大象和一棵猴麵包樹，此圖案在該國很受歡迎。

可以在國家的盾牌徽章、紙幣和硬幣上看到猴麵包樹的圖案。

南蘇丹

採用日期：2005年

比例：1：2

用途：國家和民用

設計說明：左邊是一個藍色三角圖形，上面有一顆黃色的星星。黑色、紅色和綠色橫條紋一直延伸到國旗右邊，條紋之間則用白色條紋間隔開來。

星星象徵國家的團結和對未來的希望。

紅色代表為國家犧牲奮鬥的人民。

黑色代表人民。

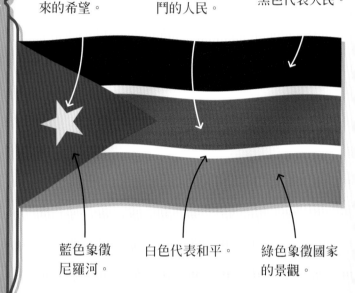

藍色象徵尼羅河。

白色代表和平。

綠色象徵國家的景觀。

2005年南蘇丹宣稱自己是一個國家，並升起了新國旗，但是直到2011年才完全獨立。在經歷過南蘇丹長期的暴力內戰後，國旗上的黃色星星和白色條紋象徵著對和平的希望和未來的成功。其設計和顏色則呼應著南蘇丹的兩個鄰國——蘇丹（見第67頁）和肯亞（見第58頁）。

2011年的南蘇丹獨立慶典上，可以看見國旗到處飄揚。

衣索比亞

採用日期：1996年
比例：1：2
用途：國家和民用
設計說明：有綠色、黃色和紅色的橫條紋，中間的藍色圓形標示著一顆代表衣索比亞的金色星星。

可以看到非洲豐富和多元野生動物的例子，像是出現在許多非洲國家盾牌徽章上的美麗花豹。

綠色代表衣索比亞的土地。

藍色代表和平。

黃色代表正義和平等。

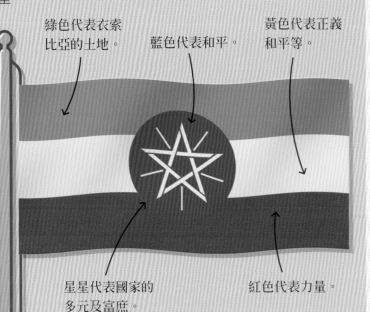

星星代表國家的多元及富庶。

紅色代表力量。

衣索比亞是非洲最古老的獨立國家。許多其他國家也採用了衣索比亞國旗上的綠色、紅色和黃色來做為非洲人團結的象徵。雖然這些顏色出現在衣索比亞的國旗上已有一段時間，但是最近的版本是1996年衣索比亞聯邦民主共和國成立時才採用的。

代表泛非主義的顏色

衣索比亞國旗所使用的顏色和黑色被稱為是泛非主義顏色，這些顏色代表非洲文化遺產的驕傲和脫離殖民統治的獨立。除此之外，這些顏色還出現在許多國旗上。

衣索比亞國旗
（1897-1914年）

1897年10月6號，衣索比亞的皇帝莫內里克二世（Menelik II）下令將綠色、黃色、紅色三色長方旗的設計採用為國旗。從那時起，許多非洲國家也起而仿效。

索馬利亞

採用日期：1954年
比例：2：3
用途：國家和民用
設計說明：藍色的背景中間有一顆大型的五角白色星星。

1960年，當義屬索馬利蘭和英屬索馬利亞合併時，索馬利亞便成為一個單獨的國家。1950年代義屬索馬利蘭一直是由聯合國監管，當時採用其目前的旗幟，還可以看到聯合國在國旗顏色上的影響。這個國家長期被戰火蹂躪，所以國旗上的白色星星象徵對未來和平的希望。

國旗上的星星被稱為團結之星，星星的每個端點代表非洲之角的一個區域。傳統上是索馬利亞人一直居住的地方。

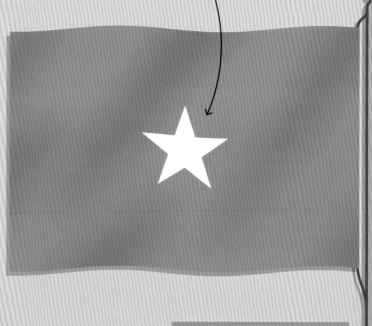

索馬利亞的盾牌徽章上有兩隻舉著盾牌的獵豹。藍色背景的徽章上則有一顆白色星星。

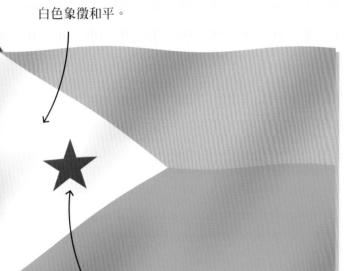

國旗的藍色和白色來自於聯合國的國旗。

吉布地

採用日期：1977年
比例：21：38
用途：國家和民用
設計說明：左邊有一個白色三角圖形，上面是一顆紅色星星。右邊則是藍色和綠色橫條紋。

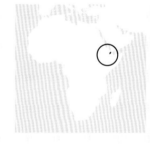

白色象徵和平。

星星代表團結。

吉布地的國旗顏色有許多意義。除了國旗所列的顏色外，藍色代表伊薩人，綠色則代表阿法人，這是吉布地兩個最大的族群。吉布地的官方宗教是伊斯蘭教，傳統上伊斯蘭的象徵顏色也是綠色。

一名游牧穆斯林阿法族（Afar）的婦人身穿傳統服飾。

厄利垂亞

採用日期：1993年

比例：1：2

用途：國家和民用

設計說明：有一個從左側延展開來的大型紅色三角形，上面有一枝金色的橄欖枝和花環。右邊則是綠色和藍色的三角圖形。

橄欖枝和花環代表厄利垂亞的獨立。

綠色、藍色和紅色是厄利垂亞推動獨立人民解放前線黨所代表的顏色。

國旗的顏色也代表為獨立而奮鬥（紅色）、土地（綠色）及海洋（藍色）。

厄利垂亞的名字是以希臘語的「紅海」來命名，紅海也形成了這個國家的海岸線，而國旗上的藍色代表海洋。在厄利垂亞脫離衣索比亞獨立前，國旗上有顆金色的星星，獨立後則由橄欖枝和花環所取代。花圈上的30片葉子則代表獨立前的30年戰爭。

可以在廣闊的厄利垂亞海岸線上看到像這樣的漁船。厄利垂亞的國名靈感來自海洋，國旗上的藍色三角形圖案也象徵著海洋。

蘇丹

採用日期：1970年

比例：1：2

用途：國家和民用

設計說明：左側有一個綠色三角形，右側由上而下分別是紅、白和黑色的橫條紋。

綠色象徵伊斯蘭教，也代表國家的富庶。

紅色代表爭取獨立和社會主義的政治理念。

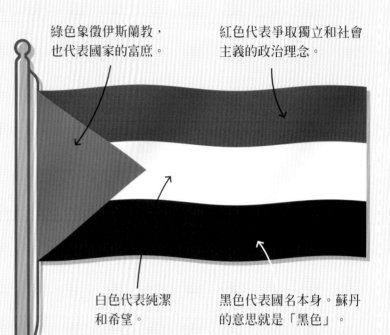

白色代表純潔和希望。

黑色代表國名本身。蘇丹的意思就是「黑色」。

蘇丹國旗的顏色來自過去阿拉伯武裝部隊所使用的旗子。紅色代表社會主義，白色代表和平，黑色則代表阿爾·曼蒂（Al-Mahdi）——他是19世紀時，反抗埃及統治的領導人；綠色三角形則代表農業和成功。

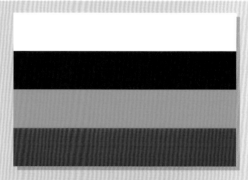

代表泛阿拉伯主義的顏色

紅、綠、白和黑色有時候又稱為泛阿拉伯顏色，出現在許多的旗子上，分別來自不同的阿拉伯歷史旗幟。早在14世紀的一首名詩作就提及這些顏色，其詩句為：「白色如我們的行動，黑色是我們的戰場，綠色如我們的田野，紅色則是我們的刀劍。」

藍色代表天空和查德湖。

金色代表查德的沙漠和陽光。

紅色象徵爭取獨立。

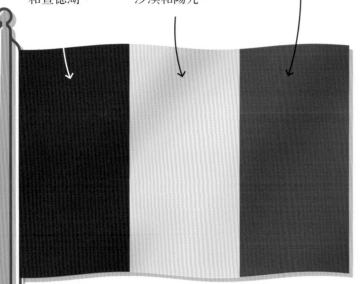

查德

採用日期：1959年

比例：2：3

用途：國家和民用

設計說明：藍色、金色和紅色三條直條紋。

因為查德是法國前殖民地，所以國旗的設計效法了法國的三色旗（見第88頁）。顏色融合了泛非主義的紅色和金色以及法國國旗的藍色。查德國旗和羅馬尼亞國旗非常類似（見第99頁），唯一的不同點是，查德國旗的藍色條紋稍微深一點。

盾牌徽章用來區分新舊羅馬尼亞國旗。

羅馬尼亞國旗曾經有盾牌徽章，但是在1989年移除了這個圖案，這使得羅馬尼亞的國旗和查德國旗幾乎一模一樣。查德政府認為羅馬尼亞應該再把盾牌徽章重新放到國旗裡。

奈及利亞

採用日期：1960年

比例：1：2

用途：國家

設計說明：國旗上的白色直條紋將兩條綠色直條紋分隔開來。

綠色代表國家豐富的景觀。

白色象徵和平與團結，也代表尼羅河。

尼羅河流經奈及利亞，而國旗上的白色條紋代表的就是這條河。

奈及利亞有超過2億3百萬的人口，是非洲人口最密集的國家。1960年時，脫離英國獨立，而國旗是經由設計比賽脫穎而出的優勝作。這面國旗是由一位名叫麥可・泰窩・阿欽坤米（Michael Taiwo Akinkunmi）的23歲奈及利亞學生所設計的。他原本的設計有一顆紅色的太陽居中，但後來被移除了，只剩下彩色的條紋。

聖馬利諾

採用日期：1862年

比例：3：4

用途：國家和民用

設計說明：藍、白色的橫條紋上
有國家的盾牌徽章。

白色代表在聖馬利諾群山
上的浮雲。

國家的盾牌徽章有鐵塔諾山
的三座塔樓。

藍色象徵在群山上的天空。

據說基督教聖人聖馬利諾斯（St Marinus）在
西元4世紀初創立了聖馬利諾。它是世界上
最古老也是最小的國家之一。國旗上的三座
塔樓分別是：最先建造的瓜伊塔、現在是博
物館的切斯塔，以及曾經被用來當做監獄的
蒙塔爾。

在鐵塔諾山山頂的瓜伊塔堡壘。瓜伊塔是國旗上
三座塔樓中最古老的一座。

梵蒂岡

採用日期：1929年

比例：1：1

用途：國家和民用

設計說明：黃色和白色直條紋的
四方型設計，白色條紋上有代表
梵蒂岡的圖案。

梵蒂岡的圖案有聖彼得之鑰。黃金之鑰代表天堂力量，
而銀色之鑰則代表世俗的力量。

教宗的三層寶
石冠冕代表他
的力量。

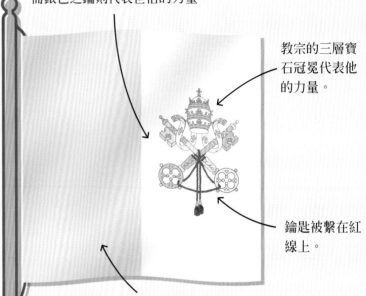

鑰匙被繫在紅
線上。

黃色和白色代表黃金和鋼鐵。
這是製造聖彼得之鑰的傳統金屬。

梵蒂岡是一座城邦，也是世界上最小的國家，
其邊界位在義大利首都羅馬城裡。這裡是教宗
所領導的羅馬天主教教堂的總部，而教宗主要
的活動地點就在聖彼得大殿裡。在基督教中，
可以在國旗上看到的聖彼得之鑰是通往天堂王
國的鑰匙，據說是耶穌基督賜與教宗的。

梵蒂岡的國旗有提到宗徒聖彼得，
其墓穴就位在聖彼得大殿裡。

馬爾他

喬治十字象徵二戰期間馬爾他人的勇敢。

國旗的顏色來自西西里家族羅傑伯爵的橫布條。在中世紀時,他曾統治過此地。

採用日期: 1964年
比例: 2:3
用途: 國家
設計說明: 紅、白色直條紋,左上角有一個喬治十字圖形。

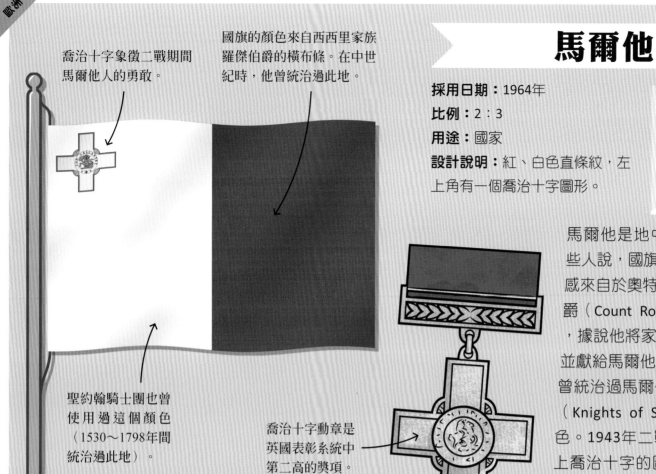

聖約翰騎士團也曾使用過這個顏色(1530~1798年間統治過此地)。

喬治十字勳章是英國表彰系統中第二高的獎項。

馬爾他是地中海的島嶼群。有些人說,國旗上的紅色和白色靈感來自於奧特維勒家族的羅傑伯爵(Count Roger of Hauteville),據說他將家族旗子的一角剪下並獻給馬爾他人。這個顏色也是曾統治過馬爾他的聖約翰騎士團(Knights of St John)的代表顏色。1943年二戰期間,國旗上加上喬治十字的圖形,此圖形代表英國皇室將象徵勇氣的勳章賜與了馬爾他。

希臘有超過2,000座島嶼,但是只有大約170座有人居住。藍白相間的國旗反映了傳統石灰城鎮和藍色的海洋。

希臘

十字代表希臘基督東正教信仰。

白色代表純潔。

藍色象徵海洋和天空。

採用日期： 1978年

比例： 2：3

用途： 國家和民用

設計說明： 有九條藍色、白色橫條紋相間。左上角的藍色矩形上有一個白色十字圖形。

希臘有非常古老的文明，但在19世紀時，被鄂圖曼土耳其所控制。在國旗上可以看到那個時期象徵爭取獨立的圖案，九個藍白相間的條紋象徵了希臘戰爭吶喊口號「Eleftheria i thanatos」中的九個音節。這個在希臘獨立戰爭期間使用的口號，意思是「自由或死亡」。

希臘國旗又被稱做「Galanolefci」，指的是「藍色和白色」。

希臘國旗和奧林匹克旗一起在雅典的帕德嫩體育場裡飄揚。1896年這裡舉辦了第一次現代的奧林匹克運動會。

世界最古老的旗子

自從第一次開始成群結黨並爭奪土地開始，
人類使用旗子已經有幾世紀之久。

橫幅和三角旗

第一面旗也許出現在戰爭中。這些旗子是高掛在旗桿
上的橫幅或是三角旗，所以士兵可以看到並知道該前往
戰場的何處。

掛在交叉旗桿上的軍事橫幅又稱窄長旗（Standard）
。古羅馬士兵會攜帶這種窄長旗上戰場。旗桿上會有軍
隊的象徵圖案，上頭則有一頭名為天鷹（Aquila）的銀色
或金色老鷹。能夠攜帶這樣的旗子是一種莫大的榮耀，
但是失去它也是一種不幸的災難。

17世紀以來，一般代表國家的旗子不再只是用在
戰爭上。在第一艘探索世界的航船上，可以看到
這些旗子飄揚。

中國和印度的古老文獻記載
了戰旗的使用。

在古羅馬時代，
士兵會攜帶上頭
裝飾有象徵權力
和力量老鷹的窄
長旗。

最古老旗子的傳說

 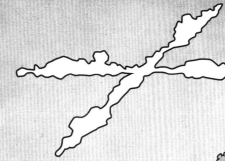

蘇格蘭X十字形旗的傳說可以追溯到西元832年：當安格斯一世（Angus mac Fergus）國王所領導的皮克特人和蘇格蘭人軍隊被敵人阿特斯坦（Athelstan）所領導的盎格魯和撒克遜軍隊所包圍時，安格斯一世禱告請求幫忙，並在他頭頂看到一朵由雲所形成的白色聖安德魯十字圖形。他承諾如果贏得戰爭的話，會將聖徒安德魯奉為蘇格蘭的守護神，最後也信守諾言。

奧地利紅白相間的旗子（見第102頁）是以中世紀的公爵為依據，並在西元1230年第一次被記載下來。據說，奧地利公爵雷歐波特五世（Leopold the Fifth）在艾可圍城之役後，他發現身上的無袖長袍沾滿了血跡。當他將皮帶取下並發現底下還是白色的，就將這個想法用在紅白條紋的國旗設計上。

拉脫維亞的國旗（見第116頁）最早有文獻記載是西元1280年，當古老的拉脫維亞部落拉特加萊人（Latgalians）為了保護里加城而戰，曾將這面旗子帶到戰場上。傳說，一名部落的領袖在受傷嚴重時，曾經用白色床單包裹住傷口。當他死亡時，床單的邊角因為沾滿了他的鮮血而變成紅色。為了表揚他，這張床單便飄揚在下一場戰役中，最後此部落贏得了這場戰役。

丹麥國旗（見第112頁）又稱為丹尼布洛，是世界上最古老、一直持續被使用的國旗。自西元1307年以來又或許更早，全丹麥便開始懸掛這面國旗。傳說中，在1219年抵抗愛沙尼亞人的戰役期間，丹麥國王瓦爾德瑪二世（Valdemar II）在祈禱戰爭贏得勝利後，這面旗子便從天而降。

據說，勇士喬治・卡斯特里奧蒂（George Castriot），又被稱為斯堪德培，在15世紀時就已經舉著這面阿爾巴尼亞的國旗（見第97頁）。為了抵禦那時統治該地的土耳其人，他在自己的堡壘上懸掛這面旗子。在阿爾巴尼亞的歷史裡，斯堪德培是有名的英雄。

保加利亞

採用日期： 1990年
比例： 3：5
用途： 國家和民用
設計說明： 有白色、綠色和紅色三種橫條紋。

綠色代表保加利亞的風景和一個年輕國家的誕生。

白色象徵和平。

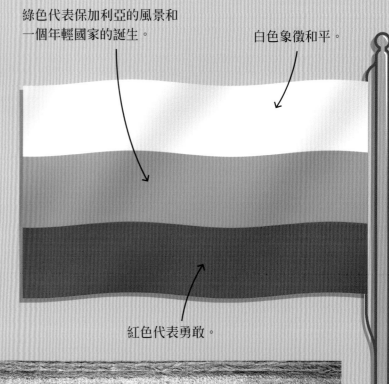

紅色代表勇敢。

在鄂圖曼土耳其統治保加利亞將近500年的期間，這個國家不被允許擁有自己的旗子。西元1908年當保加利亞宣布獨立，國旗則以俄羅斯國旗為依據設計（見第120頁）。到了20世紀，在共產黨統治期間，國旗的設計又再度改變，但是在1990年結束共產黨統治後，舊的樣式又再度被採用。

保加利亞國旗上的綠色據說代表國家的農業財富。

北馬其頓

紅色是傳統北馬其頓旗的顏色。

太陽象徵國家新的開始。

採用日期： 1995年
比例： 1：2
用途： 國家和民用
設計說明： 在紅色背景上有一個向外延伸、具有八道黃色光芒的黃色太陽圖形。

北馬其頓曾經是現在已經分解的南斯拉夫的一部分。1992年宣布獨立時，政府採用了現在這面太陽旗，其圖形又稱為「自由之輝」。2018年，北馬其頓正式採用現在這個國名時，和希臘的國名之爭也暫告一段落。順帶一提，希臘也有一些地區叫做馬其頓。

獨立後的北馬其頓的第一面旗子，中間有一個維吉娜（Vergina）太陽的圖案。這個圖案來自古希臘時代。希臘拒絕北馬其頓使用這個圖案，但是新的國旗設計已經解決了這個紛爭。

阿爾巴尼亞

採用日期：1992年
比例：5：7
用途：國家
設計說明：紅色的背景上有個雙頭黑色老鷹的圖形。

黑色老鷹的圖形來自15世紀左右所使用的旗子。這個圖形代表了國家的獨立。

紅色象徵勇氣和力量。

一位名叫喬治．卡斯特里奧蒂的勇士在15世紀對抗土耳其人時，第一次舉起了這面阿爾巴尼亞的雙頭老鷹旗。當他改信伊斯蘭教時，便改名為斯堪培德，因此這面旗子又有「斯堪培德旗」之稱。阿爾巴尼亞有時也稱為「老鷹之國」。傳說中，阿爾巴尼亞的第一位國王，從保護他的老鷹那裡，得到了無堅不摧的力量。

阿爾巴尼亞的古鷹也是現在國家驕傲的象徵。

科索沃

採用日期：2008年
比例：5：7
用途：國家和民用
設計說明：藍色背景上有一個黃色的國家輪廓，上面還有六個白色星星。

星星代表科索沃的六個族群。

白色象徵和平。

藍色和黃色來自歐盟的國旗。

科索沃曾經是南斯拉夫的一部分。在舊國家解體後，塞爾維亞和科索沃爆發暴力衝突，自此之後，聯合國和北約組織便監管了這個區域。2008年科索沃宣稱脫離塞爾維亞獨立，並舉辦了新國旗的設計比賽。塞爾維亞對科索沃的獨立依然有異議，有些國家也拒絕承認科索沃和它的國旗。

科索沃有被白雪覆蓋的山脈，並在2018年第一次舉辦冬季奧林匹克運動大賽。

蒙特內哥羅

採用日期：2004年

比例：1：2

用途：國家和民用

設計說明：在帶有黃色邊框的紅色背景之上，是蒙特內哥羅歷史上君主體制的盾牌徽章。

盾牌徽章代表國家的歷史和獨立。

紅色象徵蒙特內哥羅的人民。

蒙特內哥羅是一個多山脈的國家，還有著豐富的野生動植物——境內的杜米托山國家公園是熊和狼的家鄉。幾世紀以來，蒙特內哥羅一直是獨立的王國。在一次大戰後，變成了南斯拉夫的一部分，但最終在2006年和塞爾維亞分裂。國旗是以舊皇家橫幅為依據，並且還有曾統治過這裡的佩脫維克·奈哥斯王朝（Petrovic-Njegos）的盾牌徽章。

在蒙特內哥羅的杜米托山國家公園裡，可以看到金色老鷹翱翔天際。

波士尼亞與赫塞哥維納

採用日期：1998年

比例：1：2

用途：國家和民用

設計說明：藍色背景上有一個黃色三角形和一排白色的星星。

三角形指的是波士尼亞的形狀和它三個主要的族群——波什尼亞克（Bosniak）、克羅特（Croats）和賽爾伯人（Serbs）。

藍色、黃色和星星指的是歐盟的旗子，也代表和平與團結。

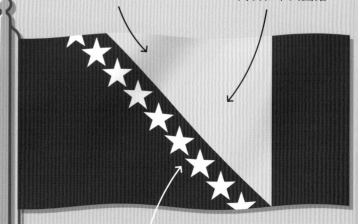

國旗最上方和最下方被切割開來的星星可以組合在一起，變成另一顆完整的星星。

一直到1992年南斯拉夫解體之前，波士尼亞和赫塞哥維納都是這個國家的一部分。不久之後，政府採用了新國旗，但是許多人並不認同。1993年，國內的族群波什尼亞克人、克羅特人和賽爾伯人爆發內戰。現在的國旗是1998年採用的，其設計刻意保持中性，代表全部的族群。

來自歐洲的靈感

科索沃、波士尼亞和赫塞哥維納的國旗靈感都來自歐盟的旗子（見第176頁）。藍色的背景代表歐洲的藍天，而星星圍成的圓圈則代表歐洲國家的合作並行。

科索沃

波士尼亞與赫塞哥維納

盾牌徽章的設計來自歷史上的朝代象徵。

國旗使用了代表泛斯拉夫主義的顏色（見下圖）。

塞爾維亞

採用日期：2010年
比例：2：3
用途：國家和民用
設計說明：紅色、藍色和白色三種橫條紋。國旗會使用盾牌徽章，民用旗（用在非政府組織上）則捨棄了盾牌徽章。

直到南斯拉夫解體前，塞爾維亞屬於這個國家的一部分。一開始，塞爾維亞和蒙特內哥羅結盟，但是2006年兩國分裂。新國旗很像19世紀末所採用的國旗，那時的國旗首次出現雙頭老鷹的圖案。儘管塞爾維亞不再是君主政體，現在的國旗上還是保有皇室的歷史皇冠。

泛斯拉夫主義旗子

19世紀巴爾幹半島的斯拉夫人要求獨立。藍色、白色和紅色則被選來代表泛斯拉夫主義運動。這面旗子

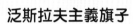

的靈感來自於俄羅斯國旗和法國大革命，分別代表榮耀（藍色）、純潔（白色）以及爭取自由過程中所流的鮮血（紅色）。許多巴爾幹國家會或多或少在旗子上使用這些顏色。

羅馬尼亞

採用日期：1989年
比例：2：3
用途：國家和民用
設計說明：紅色、黃色和藍色三種直條紋。

藍色代表川西凡尼亞省。

黃色象徵瓦拉幾亞省。

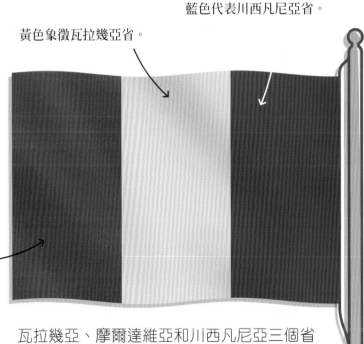

紅色代表摩爾達維亞省。

羅馬尼亞的盾牌徽章上也呼應了國旗的顏色。

瓦拉幾亞、摩爾達維亞和川西凡尼亞三個省分的結合創造出現代的羅馬尼亞，國旗就是這段歷史的象徵。國旗已經使用這三個顏色好幾年，但是旗子上曾經出現其他的裝飾圖案。現在羅馬尼亞的國旗和查德的國旗（見第68頁）很像，唯一不同之處是羅馬尼亞國旗的藍色比較淡。

摩爾多瓦

採用日期：1990年
比例：1：2
用途：國家和民用
設計說明：藍色、黃色和紅色三種直條紋，摩爾多瓦的徽章就位在中間。

金色的老鷹嘴巴啣著一把基督教十字架，一隻爪子則抓著和平的橄欖枝。

原牛的頭、星星、玫瑰和新月是這個國家的傳統象徵。

因為摩爾多瓦和羅馬尼亞歷史上的連結，所以兩國的國旗顏色一模一樣。摩爾多瓦曾是中世紀的王國，之後變成羅馬尼亞以及舊蘇聯的一部分。它的國旗是世界上少數背面為不同設計的旗子*。國旗中間的盾牌設計是正面的鏡面反射，而老鷹的另一隻爪子握著橄欖枝。
*注：至2010年，已取消此設計，正反兩面都一樣。

國家盾牌徽章上的原牛圖形是17世紀滅絕的大型野牛。牠們曾經分布在歐洲和亞洲。

匈牙利

採用日期：1957年
比例：1：2
用途：國家和民用
設計說明：有紅色、白色和綠色三種橫條紋。

白色代表信仰和自由，也代表這個國家的河流。

紅色代表力量、勇氣和戰爭中所流的鮮血。

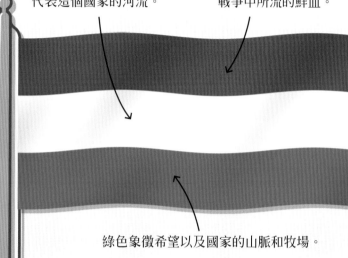

綠色象徵希望以及國家的山脈和牧場。

1957年匈牙利政府採用了現在版本的三色旗，但其設計可以追溯至幾世紀以前。這些顏色與創建該國的中世紀君主有關，同時也首度用在匈牙利的盾牌徽章上。紅色來自9世紀的阿帕德大公（Arpad）所使用的紅旗；而白色是基督教傳入時，所象徵的十字架；綠色則是盾牌徽章上代表三座山脈的綠色丘陵。

位在首都布達佩斯的國會大廈建築以國旗的顏色作為裝飾。

克羅埃西亞

紅色、白色和藍色是克羅埃西亞人盾牌徽章的傳統顏色，也是代表泛斯拉夫主義的顏色（見第99頁）。

19世紀對抗匈牙利統治的獨立軍隊也使用這些顏色，其靈感來自俄羅斯國旗（見第120頁）。

採用日期：1990年

比例：1：2

用途：國家和民用

設計說明：有紅色、白色和藍色的三種橫條紋。中間是一個格紋的盾牌徽章。

克羅埃西亞曾經是南斯拉夫的一部分。雖然在1991年已經獨立，但是現在帶有格紋盾牌徽章的三色旗卻是在1990年才開始採用。過去幾年來，格紋盾牌已經出現在國旗上很多次，但是格紋盾牌上的小盾牌則是在近年才被採納到旗子裡。

星星和新月＝舊克羅埃西亞

藍色和紅色條紋＝杜布洛尼（Dubrovnik）

獅子＝達爾馬提亞（Dalmatia）

山羊＝伊斯特里亞（Istria）

星星和松貂（像黃鼠狼一樣的動物）＝斯拉弗里亞（Slavonia）

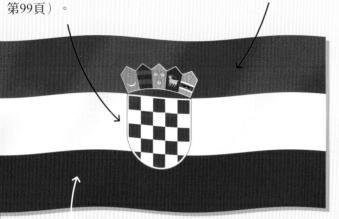

這些顏色也常被用來代表克羅埃西亞戰士的鮮血（紅色）、和平（白色）與對神的奉獻（藍色）。

五個小盾牌皇冠圖形就位在主要的盾牌徽章上。這些小盾牌代表不同的區域以及和克羅埃西亞的歷史聯繫。

有名的紅白格紋來自中世紀不同區域所使用的顏色。

盾牌徽章上的紅白格紋出現在國家的足球隊服上。

斯洛維尼亞

採用日期：1991年

比例：1：2

用途：國家和民用

設計說明：白色、藍色和紅色的橫條紋。盾牌徽章位在左上角。

三顆金色的星星來自采列（Celje）家族的盾牌徽章，此家族在中世紀有很大的影響力。

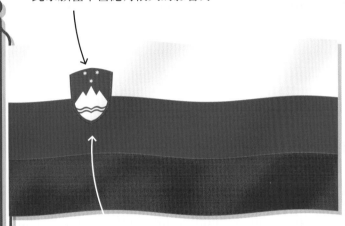

盾牌徽章上有斯洛維尼亞的山脈和海岸。

1991年南斯拉夫解體，斯洛維尼亞變成獨立國家後，創立了國旗。從國旗的設計上，展示了國家過去許多不同的面向。紅、白、藍三色歷史淵源極久，過去就曾多次使用在盾牌徽章上。19世紀時，獨立團體受到俄羅斯聯盟的啟發，也選擇這些顏色作為旗子的顏色。現在的國旗設計是取自於斯洛維尼亞一個強盛的朝代——采列家族的盾牌徽章。

盾牌徽章上有斯洛維尼亞的最高峰提里格拉夫山。

奧地利

採用日期：1945年

比例：2：3

用途：國家和民用

設計說明：兩條紅色橫條紋的中間有一條白色的橫條紋。

紅色代表中世紀戰役中所流的鮮血。

白色代表戰爭期間，公爵還未被鮮血染紅的盔甲。

奧地利曾經被哈布斯堡皇朝所統治，並且曾是奧匈帝國的一部分。在一次大戰後，奧地利變成獨立國家，從此之後，政府採用了紅白相間的國旗。據說此設計代表了中世紀奧地利統治者血濺的衣服（完整故事見第95頁）。二次大戰，當德國占領這個國家時，使用了納粹的旗子，直到1945年戰爭結束時，上面所示的舊旗子又重新使用。

奧地利城邦旗上有隻腳上繫有破碎鐵鍊、代表自由的老鷹盾牌徽章。這隻老鷹還帶著代表工業和農夫的鐵鎚和鐮刀。

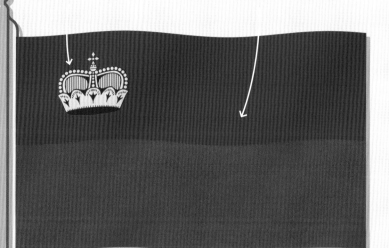

皇冠代表列支敦斯登的君主和人民的團結。

國旗的顏色來自18世紀。皇室僕人的制服顏色就是使用這些顏色。

列支敦斯登

採用日期：1937年

比例：3：5

用途：國家和民用

設計說明：藍色和紅色的橫條紋，左上角有一個皇冠。

列支敦斯登的王子選擇了紅、藍色做為國旗的顏色。

列支敦斯登是世界上面積第六小的國家。它是一個多山脈、位在奧地利和瑞士中間的公國（被一位王子所統治的領土）。19世紀，列支敦斯登王子根據皇室制服的顏色選擇了紅色和藍色來做為國旗的顏色。因為列支敦斯登的國旗和海地的國旗（見第30頁）設計一模一樣，所以在1936年的奧林匹克運動會造成了困擾，此後國旗上又加上皇冠的圖案。據說藍色代表天空、紅色代表火爐，而金色代表人民。

瑞士

採用日期：1889年

比例：1：1

用途：國家和民用

設計說明：正方形的紅旗子上有一個白色十字圖形。

紅色的背景來自中世紀時期基督教的象徵。

十字圖形代表基督教信仰。

瑞士是一個有26個聯邦小行政區的國家。這些小行政區都有各自的旗子，1848年這些行政區結合成一個國家。現在的國旗設計來自一個名為什威茲（Schwyz）的行政區。一開始，神聖羅馬帝國將這面旗當做戰旗，但是現在的瑞士國旗據說代表了中立或和平。瑞士也是世界上唯二使用正方形旗子的國家之一（另一個國家是梵蒂岡，見第91頁）。

1864年的日內瓦會議上宣稱白底加上紅十字是保護的象徵，戰時的醫療人員會佩戴上這個標誌。據說會選擇這個符號是受到會議在瑞士舉行的影響。

德國

採用日期：1949年
比例：3：5
用途：國家和民用
設計說明：黑色、紅色和金黃色
三種橫條紋。

德國是由16個邦所組成的國家。
每個邦都有各自不同的邦旗。

國旗的顏色來自19世紀士兵所穿的制服顏色。
這個時期，許多不同講德語的城邦都想結合在一起。

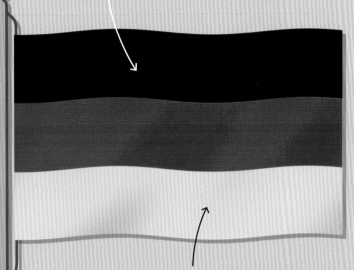

國旗上的三種顏色也許來自神聖羅馬帝國的老鷹
和盾牌圖形（見下圖）。德國曾經屬於神聖羅馬
帝國的一部分。

1871年德國變成獨立國家時，國旗上是黑
色、白色和紅色的橫條紋。一次大戰後，政
府才採用上頭這面國旗，但是在1930年代被
納粹卍字旗所取代。現在在德國（和其他國
家），除非在歷史的場合（如電影劇情），
否則懸掛納粹的旗子是違法的。在戰後，西
德使用了上方這面旗子，而1990年東西德合
併後也使用該旗。

德國是由16個邦所組成的國家。

德國的
盾牌徽章。

神聖羅馬帝國的
盾牌徽章。

神聖羅馬帝國曾統治過這個區域。這裡所展示的徽章圖
形顏色剛好符合德國國旗的顏色。

巴伐利亞邦邦旗、德國國旗和歐盟的旗子一起飄揚。

德國的邦旗

▼ 巴登－符騰堡邦

黑色和黃色橫條紋上有一個盾牌徽章的圖形，徽章上有三隻黑色獅子。

▼ 不來梅

紅白相間的格紋圖形由上到下位在旗軸處。剩下的部分則是紅色和白色的橫條紋，中間有一個盾牌徽章。

▼ 梅克倫堡－
前波美拉尼亞邦

藍、白、紅色橫條紋、一條狹長的黃色條紋和來自盾牌徽章的圖案居中。

▼ 薩克森邦

白色和綠色的橫條紋和一個盾牌徽章。

▼ 巴伐利亞邦

21個輪流交替的白色和天藍色鑽石圖形。

▼ 漢堡

紅色背景上有一座包含三座塔樓的白色城堡。

▼ 北萊茵－
威斯特法倫邦

綠、白、紅色的三種橫條紋和一個盾牌徽章。

▼ 薩克森－
安哈爾特邦

金色和黑色的橫條紋及一個盾牌徽章。

▼ 柏林

代表柏林市的黑熊圖案在紅色和白色的橫條紋上。

▼ 赫森邦

紅色和白色的橫條紋，中間有一個盾牌徽章。

▼ 萊茵蘭－
普法爾茨邦

左上角的盾牌徽章就在黑色、紅色和金色的橫條紋上面。

▼ 石勒蘇益格－
荷爾斯泰因邦

紅、白、藍色的三種橫條紋和一個盾牌徽章。

▼ 布蘭登堡邦

紅色和白色的橫條紋上有一個紅色老鷹圖案。

▼ 下薩克森邦

黑、紅、金三種橫條上，有個帶有一隻白色奔騰馬匹的紅色盾牌。

▼ 薩爾邦

盾牌徽章就位在黑、紅和金色三種橫條紋的中間。

▼ 圖林吉亞邦

紅色和白色的橫條紋，以及一個位在中間的盾牌徽章。

盧森堡

採用日期：1972年

比例：3：5

用途：國家

設計說明：紅色、白色和藍色三種橫條紋。

盧森堡是世界上最後一個被亨利‧阿爾貝‧加布里埃爾‧菲利克斯‧馬里‧紀堯姆公爵（Henri Albert Gabriel Félix Marie Guillaume）所統治的國家。盧森堡的起源可以追溯至西元963年，當第一位伯爵將一座名為盧西林堡的城堡拿來交換土地時。自1845年起，國家便將紅、白、藍三色做為國旗的顏色，但是直到1972年才正式採用。盧森堡的國旗和荷蘭的國旗（見第107頁）很類似，但是藍條紋比較淡色調，而且國旗的比例也略有不同。

國旗的顏色來自盧森堡大公爵盾牌徽章上的顏色。自13世紀便開始使用。

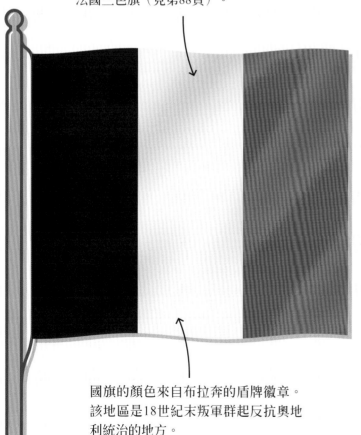

盧森堡一般的平民艦旗又稱為紅獅子旗。以藍白相間條紋為底，帶有一隻戴皇冠的獅子。除了國旗外，人們有時候也會用做於一些場合。

國旗設計的靈感來自象徵自由理念的法國三色旗（見第88頁）。

國旗的顏色來自布拉奔的盾牌徽章。該地區是18世紀末叛軍群起反抗奧地利統治的地方。

比利時

採用日期：1831年

比例：13：15

用途：國家和民用

設計說明：黑、金和紅色三種直條紋。

布拉奔的盾牌徽章可以追溯至中世紀時期。這枚徽章除了是比利時國旗顏色的靈感來源外，它也出現在比利時盾牌徽章的中間。

原本比利時的國旗有橫條紋，但是為了與荷蘭的國旗有所區別而做了更改。1830年，比利時脫離荷蘭獨立。來自布拉奔盾牌徽章上帶有紅舌的金色獅子也出現在荷蘭、比利時、盧森堡三國非官方經濟體的旗子上。

荷蘭

採用日期：1937年

比例：2：3

用途：國家和民用

設計說明：紅色、白色和藍色三種橫條紋。

顏色是根據橘色王朝威廉王子的僕人制服顏色來設計。16世紀，這位王子帶領荷蘭脫離西班牙獨立。

最上面的條紋曾經是橘色的，但是現在改為紅色。

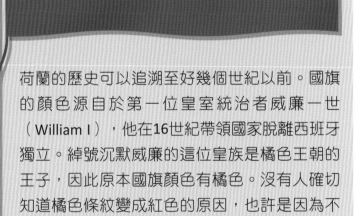

荷蘭的歷史可以追溯至好幾個世紀以前。國旗的顏色源自於第一位皇室統治者威廉一世（William I），他在16世紀帶領國家脫離西班牙獨立。綽號沉默威廉的這位皇族是橘色王朝的王子，因此原本國旗顏色有橘色。沒有人確切知道橘色條紋變成紅色的原因，也許是因為不喜歡橘色了或是政治因素。

橘色是荷蘭皇室家族的代表顏色。在許多場合，我們會看到他們穿著橘色的衣服，而在皇室生日慶典上，橘色狹長的三角旗會在國旗上方飄揚。

荷屬領土

荷蘭在海外有六個領地。每一個領地都有自己獨特的國旗。

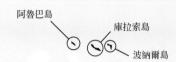

荷屬聖馬丁島

薩伯島

聖尤斯特歇斯島

加勒比亞海

阿魯巴島

庫拉索島

波納爾島

▼ 阿魯巴島

淡藍色的背景代表天空、海洋、和平與希望；左上角有白色輪廓的紅色四角星星，代表島上的紅色土壤和白沙。而兩條狹長橫條紋據說代表當地的萬葛魯花。

▼ 薩伯島

白色鑽石圖案上的黃色五角星星代表薩伯島。上方的紅色三角區塊和下方的藍色三角區塊代表的是荷蘭。

▼ 波納爾島

右下藍色大三角代表海洋。左上方的小黃色三角則代表太陽和開花的吉巴哈查樹。白色對角條紋上有一個黑色的圓形羅盤，中間還有六角紅星代表六個定居地。

▼ 聖尤斯特歇斯島

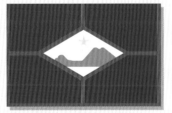

中間白色的鑽石圖形裡有一個島嶼的圖案。紅色的輪廓將藍色的背景區分成四個五邊形。

▼ 庫拉索島

左上角有兩個代表愛和幸福的五角白色星星。代表海洋和天空的藍色背景上，有一條穿越旗子下半部的黃色橫條紋。

▼ 荷屬聖馬丁島

代表勇氣的紅色和代表和平的藍色橫條紋。白色三角形上有一個盾牌徽章，上面包括一個冉冉而升的太陽，以及一隻飛翔的鵜鶘——牠是荷屬聖馬丁島的國鳥。

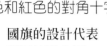

英國

採用日期：1801年

比例：1：2

用途：國家和民用

設計說明：白色的十字圖形上有一個置中紅十字，而藍色背景上有白色和紅色的對角十字。

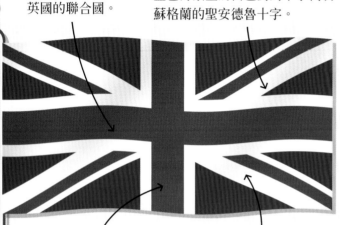

國旗的設計代表英國的聯合國。

藍色背景上的白色對角十字代表蘇格蘭的聖安德魯十字。

白色背景上的紅十字代表英格蘭的聖喬治十字。

白色背景上的紅色對角十字代表愛爾蘭的守護神聖派翠克。北愛爾蘭是英國的一部分。

西元1707年英格蘭、蘇格蘭和威爾斯聯合組成了英國。1801年愛爾蘭加入，但是1921年南愛爾蘭變成獨立國家，所以現在的國旗是大不列顛暨北愛爾蘭聯合王國的國旗。

旗子中的數學

在西元1603年變成英格蘭和威爾斯國王的蘇格蘭詹姆斯六世，下令設計了英國聯合旗。詹姆斯國王選擇將下列用在船隻上的小旗子結合在一起，這也是英國國旗被稱為聯合旗的原因。

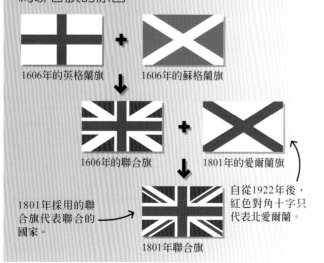

1606年的英格蘭旗　　1606年的蘇格蘭旗

1606年的聯合旗　　1801年的愛爾蘭旗

自從1922年後，紅色對角十字只代表北愛爾蘭。

1801年採用的聯合旗代表聯合的國家。

1801年聯合旗

英國構成國的旗子

三個英國構成國有各自的旗子

有代表英格蘭守護神的聖喬治紅十字圖形。中世紀時，這面旗變成英格蘭的國旗。

▼ 英格蘭

並非所有的北愛爾蘭的政黨都正式同意這面旗子，但是在特殊場合會使用這種帶有聖派翠克對角十字的旗子。

▼ 北愛爾蘭

在深藍色背景上的白色對角十字圖案代表了蘇格蘭的守護神聖安德魯。在第95頁可以找到這個神奇圖案的傳說。

▼ 蘇格蘭

▼ 威爾斯

根據傳說，這個紅龍是威爾斯的古老象徵。在白色的天空下，這隻紅龍坐落在綠色的景觀上。

這些被稱為皇家屬地的島嶼有他們自己的政府，但是英國仍對其負責。

聖喬治十字圖形上加了一個金色的十字。這面旗子來自西元1066年征服英格蘭的諾曼地威廉（William of Normandy）。根息島曾經是諾曼地公爵領地的一部分。

▼ 根息島

▼ 曼島

旗子上有一個帶著冑甲並穿著金色馬刺的三腿圖案。曾經統治過這座島的維京人可能曾經使用過這個非常古老的圖騰。

白色的背景上有一個聖派翠克紅色對角十字圖形，上頭則有一個皇家的盾牌徽章。這面旗子由英格蘭的盾牌和一個金色皇冠所組成。

▼ 澤西島

英國海外領地

英國有14個海外領地，而每一個領地都有他們自己的國旗。大部分國旗的左上角都有聯合旗的圖案。

▼ 安吉拉島

藍色艦旗帶有安吉拉島的盾牌徽章，其上有藍色海洋，以及三隻海豚。這三隻海豚代表團結、力量和堅忍。

▼ 阿森松島

帶有盾牌徽章的藍色艦旗上有烏龜的圖案。

▼ 百慕達群島

紅色的艦旗有百慕達的盾牌徽章。這枚徽章上有一隻握著代表沉船盾牌的獅子（想知道更多故事，見第155頁）。

▼ 英屬印度洋領地

旗上有藍色和白色的波浪紋、一棵棕櫚樹和一個象徵領地的皇冠。波浪的條紋象徵印度洋。

▼ 英屬維京群島

帶有盾牌徽章的藍色艦旗上有一個聖烏蘇拉像。據說這是一名修女，她和11,000名追隨者殉教。徽章上的燈則代表這些追隨者。當哥倫布發現這座島嶼時，成為第一位替這座島嶼命名的人。

▼ 開曼群島

藍色的艦旗上有開曼群島的盾牌徽章。三顆星星代表三座主要的島嶼，鳳梨的圖案則呈現了開曼群島和牙買加的關係。

▼ 福克蘭群島

帶有福克蘭群島盾牌徽章的藍色艦旗上有一隻公羊和一艘名為「慾望號」的船隻。這艘船是發現這座島嶼的英國船隻的船名。

▼ 直布羅陀

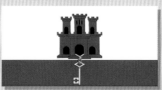

旗子上有白色和紅色的橫條紋。有三座塔樓的紅色城堡和一把金色鑰匙代表直布羅陀的要塞。

▼ 蒙特塞拉特島

帶有島嶼盾牌的藍色艦旗上有一個擁抱基督教十字架、握著愛爾蘭豎琴、身穿綠色洋裝的女人。1632年，愛爾蘭的犯人會被送到這座島。

▼ 皮特凱恩群島

藍色艦旗上有島嶼的盾牌徽章。島上的定居者是邦蒂號叛變者的後代，而旗子上的錨和聖經代表了這段故事。

▼ 南喬治亞和 南桑威奇群島

藍色艦旗帶有盾牌徽章，上面有一隻長冠企鵝和海狗。

▼ 聖赫勒拿島

藍色艦旗帶有盾牌徽章，上面有聖赫勒拿島的短尾長腿鳥，以及一艘三桅船。

▼ 特里斯坦庫涅群島

藍色艦旗帶有盾牌徽章，上面有信天翁和龍蝦的圖案。

▼ 特克斯和凱科斯 群島

藍色艦旗帶有盾牌徽章，上面有海螺殼、淡水龍蝦和仙人掌的圖案。

曼島
澤西和根息島
直布羅陀
百慕達群島
特克斯和凱科斯群島
安吉拉島
英屬維京群島
蒙特塞拉特島
開曼群島
皮特凱恩群島
阿森松島
聖赫勒拿島
英屬印度洋領地
特里斯坦庫涅群島
福克蘭群島
南喬治亞和南桑威奇群島

揮舞的旗子

2014年，在巴基斯坦拉合爾市的國家曲棍球場裡，56,618個人一起揮舞著旗子並贏得世界記錄。

太空中的旗子

美國太空人在阿波羅任務中將六面美國國旗豎立在月球上。當阿波羅11號結束任務離開月球時，火箭所噴發的火焰吹倒了1969年所豎立的第一面旗子。

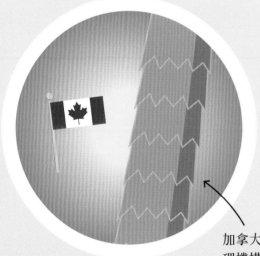

最迷你的旗子

相當於人類頭髮在顯微鏡下的特寫。

加拿大量子訊息處理機構創造出一面比人類頭髮寬度還小的加拿大國旗，只有透過電子顯微鏡才看得到。

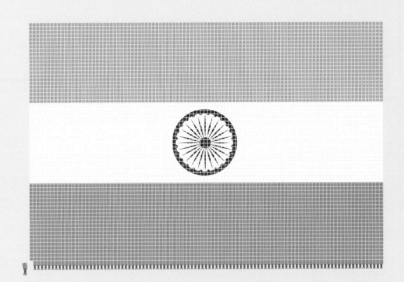

由人類用色卡所排出的旗子

2014年，43,830名志願者在印度清奈用色卡排出了印度國旗，並以此贏得了世界紀錄。這種比賽競爭很激烈，所以就算有人設法爭奪並打破這個世界紀錄也不意外。

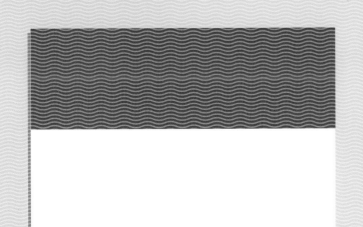

水底最大的旗子

2019年8月，印尼婦女組織在水下展開了一面巨大的印尼國旗，面積達1,014平方米，刷新了2017年在澳洲雪梨的水底阿根廷國旗的紀錄。

藍色代表天空、和平與幸福安康，也是這個地區的傳統顏色。

太陽和老鷹代表人民的希望。

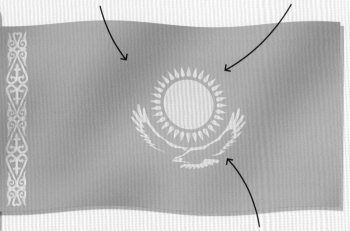

大草原老鷹又稱為金鵰（berkut），是這個地區發現的鳥類。

1991年當哈薩克脫離蘇聯獨立時，便開始使用現在這面旗子。13世紀時，這裡曾經是成吉思汗蒙古帝國的一部分，被稱為「藍色大軍」的當地戰士使用藍色軍旗。左邊金色的花紋是國家裝飾性的圖騰，又被稱為「公羊角（koshkar-muiz）」。像這樣的圖騰只出現在一些國家的國旗上，例如白俄羅斯國旗（見第117頁）和土庫曼國旗（見第135頁）。

哈薩克

採用日期：1992年
比例：1：2
用途：國家和民用
設計說明：藍色的背景，左邊有一個傳統的黃色裝飾條紋。中間是一個帶有32道光芒的黃色太陽和大草原老鷹的圖騰。

藍色代表在哈薩克人頭頂的廣大天空。成吉思汗戰士的旗子也是這種藍色。

吉爾吉斯

採用日期：1992年
比例：3：5
用途：國家和民用
設計說明：紅色的背景，中間有一個黃色太陽的圖案。在太陽圖案的中間有一個傳統圓頂帳篷屋的圖形。

傳統的圓頂帳篷屋很容易搭建和拆卸。

國旗呈現了圓頂帳篷屋頂的內部。這個圖案代表壁爐、家庭和生活。

有40道光芒的太陽代表40個部落。傳奇英雄馬那斯（Manas）將這40個部落結合在一起，創立了這個國家。

當吉爾吉斯脫離蘇聯獨立，新的國旗反映了國家的傳統和歷史。國旗上的光芒是受到吉爾吉斯傳奇創建者馬那斯的啟發。這位戰爭英雄統一了國家的所有部落，據說，他曾經帶著紅色的旗子。圓頂帳篷的圖形則代表了當地遊牧民族的傳統居住方式。

塔吉克

採用日期：1992年
比例：1：2
用途：國家和民用
設計說明：有紅、白、綠色三種橫條紋，中間則有一頂金色皇冠和七顆星星。

星星代表這個國家不同社會階層之間的團結。

紅色是獨立的象徵。

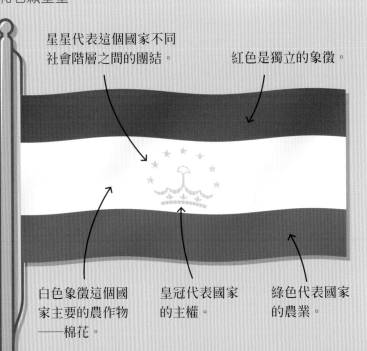

白色象徵這個國家主要的農作物——棉花。

皇冠代表國家的主權。

綠色代表國家的農業。

塔吉克是一個多山的內陸國家。幾世紀以來，許多帝國統治過這裡，包括蒙古。1991年這個現代國家脫離蘇聯獨立，從此便採用了上方這面國旗。國旗上的紅、白、金色是國家獨立前就使用的顏色，只是現在有不同的意義。

由當地人手工採集的棉花是塔吉克主要的農作物。國旗上也可以看到代表顏色。

阿富汗

採用日期：2002年
比例：2：3
用途：國家
設計說明：有黑、紅、綠色三種的直條紋，中間有白色阿富汗軍隊的圖案。

歷史上，當地的國旗一直使用黑色。這個顏色也代表阿富汗的過去。

紅色代表爭取獨立所流的鮮血。

綠色代表伊斯蘭教。

盾牌徽章上有伊斯蘭清真寺的圖案和神聖的伊斯蘭句子。

在阿富汗，黑、紅、綠色是傳統的顏色。

和其他國旗相比，在20世紀間，阿富汗的國旗更改了很多次。現在的國旗象徵了伊斯蘭的宗教信仰。國旗上清真寺的圖案有一個位在牆裡、面向麥加的壁龕和講道壇，而在這個圖案底下有代表伊斯蘭陽曆1298年的數字（相當於西元1919年），剛好也是阿富汗脫離英國獨立的時候。

位在首都喀布爾的藍色清真寺。阿富汗國旗上有代表伊斯蘭信仰的圖案和顏色。

新月代表進步。

星星象徵知識和光明。

深綠色代表伊斯蘭教。

巴基斯坦

採用日期： 1947年

比例： 2：3

用途： 國家

設計說明： 深綠色的背景上面有一個白色的新月和五角星星，左邊則是白色豎條。

白色豎條代表巴基斯坦非穆斯林族群。

星星和新月也是伊斯蘭教的傳統圖案。

巴基斯坦現代國家是在1947年創立的。在英屬印度脫離殖民統治獲得獨立前，全印穆斯林聯盟一直不斷鼓吹分治穆斯林國家的主張。他們使用的國旗是一面綠底帶有白色新月和星星的旗子，在獨立和分治獲得實現後，國旗左邊又加上了白色豎條。

這面旗子是用在民用的交通工具上。在民用艦旗上，紅色背景的一個角落有巴基斯坦的國旗圖案。

巴基斯坦的總統旗上有一個金色的新月和星星圖形、橄欖樹枝，以及用烏都語寫的「巴基斯坦」字樣。

在慶祝70週年獨立的日子上，巴基斯坦的女學生揮舞著國旗。

印度的學生在歡慶獨立
○週年,盡現舞姿。

橘色代表犧牲
和勇氣。

藍色的紡輪又稱為阿育王輪穴。這個紡輪有
24條輪輻,代表一天中的每一個小時以及品
格中的24個美德,像是愛、服務和勤勞。

印度

採用日期:1947年
比例:2:3
用途:國家
設計說明:有橘色、白色和綠色
的三種橫條紋,中間則是一個藍
色紡輪。

白色代表真
實與和平。

綠色代表肥沃和成長。

1947年莫罕達斯·甘地(Mohandas Ghandi)
帶領印度脫離英國獨立,並幫忙設計了這面
國旗,其紡輪的圖案代表著宇宙中永恆不變
的佛教象徵。印度的國旗都是由一種稱為
「Khadi」的特殊手紡棉布所製成。甘地曾經
以手紡棉布做為印度和平抵抗英國統治的象
徵,並拒絕英國機械製造的棉布。紡輪的形
狀呼應了傳統瑜伽和南亞醫學中,劃分人體
為七個能量中心之一的輪穴象徵。

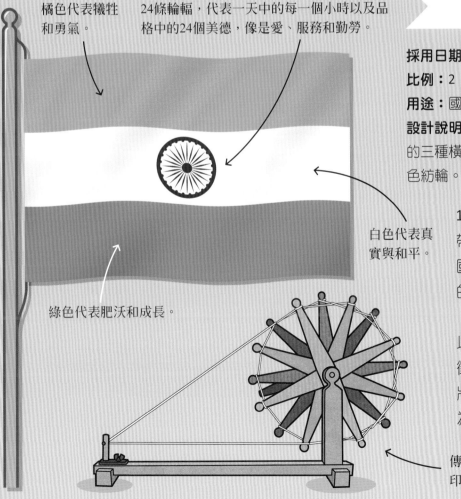

傳統的紡輪曾製造過
印度的國旗。

馬爾地夫

採用日期： 1965年
比例： 2：3
用途： 國家和民用
設計說明： 紅色背景上有一個綠色的四方形區塊，中間是一個新月圖案。

新月代表伊斯蘭教。

綠色是伊斯蘭教的傳統顏色。

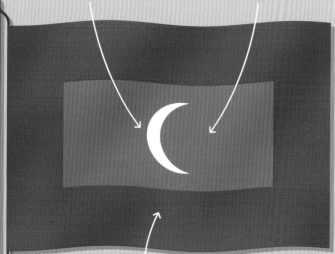

紅色是當地遠洋貿易者使用的旗子的歷史顏色，也代表國家的英雄。

馬爾地夫是一個由超過1,000座珊瑚島所組成的國家。這是全世界最低的國家，最高點只有海平面上2.4公尺高。1965年，馬爾地夫脫離英國獨立，而新國旗則是代表伊斯蘭宗教，該宗教是由12世紀的阿拉伯貿易者傳入的。

圖中是一個頂端有著新月形的傳統清真寺宣禮塔。

斯里蘭卡

採用日期： 1951年
比例： 1：2
用途： 國家和民用
設計說明： 以黃色為底，左邊有綠、橘兩色豎條。右邊紅色四邊形區塊上則有四片菩提葉和一隻持劍的獅子。

綠色代表島上的穆斯林。

菩提葉是佛教的象徵，代表高興、平靜、友善和體貼。

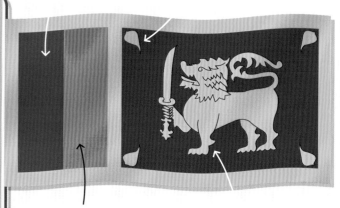

橘色代表坦米爾人。

獅子代表權威以及島上錫蘭人的歷史象徵。

斯里蘭卡有許多不同文化、語言和宗教的族群。斯里蘭卡國旗上的獅子來自一面歷史悠久的旗子，普遍認為獅子代表著錫蘭人（斯里蘭卡原住民族群之一）。1951年，為了包含其他族群，國旗加上了彩色的條紋。綠色代表穆斯林、橘色代表印度坦米爾人，黃色的邊框代表來自其他背景的人民。1972年，國旗又加上了四片菩提葉，象徵佛陀坐在菩提樹下開悟。

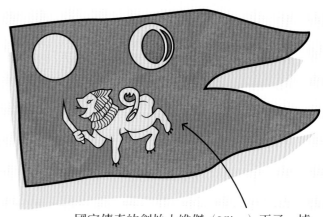

國家傳奇的創始人維傑（Vijay）王子，據說於西元5世紀左右從印度抵達這個島嶼。他身上帶著一個有獅子圖案的旗子。

孟加拉

採用日期： 1972年

比例： 3：5

用途： 國家

設計說明： 在深綠色的背景之上有一個紅色圓圈，圓圈稍微偏離中心。

1971年，現代的孟加拉脫離巴基斯坦獨立，之後便經歷了短暫的內戰。內亂期間所使用的旗子和現在的國旗很類似，在中間紅色圓圈之上，加了一個當時東巴基斯坦的金色地圖，於1972年移除。紅色圓圈仍然保留，代表爭取獨立過程所流的鮮血；綠色的背景象徵土地、豐饒和伊斯蘭教。孟加拉位在有許多河流和島嶼的孟加拉灣上，並宣稱自己有世界上最大的紅樹林——蘇達班，這裡也是孟加拉虎的保護區。

綠色代表孟加拉美麗的風景。

紅色圓圈象徵為獨立所做出的奮鬥，也代表新國度冉冉而升的太陽。

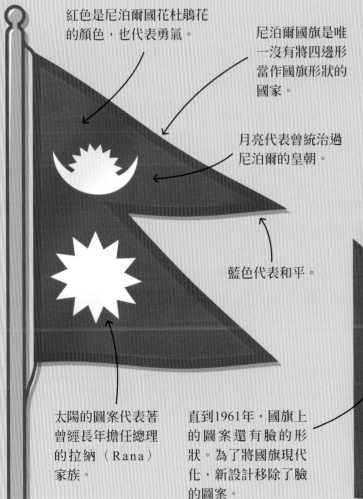

孟加拉豐富的野生動物包括令人心生畏懼、但是瀕臨絕種的孟加拉虎。

尼泊爾

採用日期： 1962年

比例： 11：9

用途： 國家和民用

設計說明： 兩個邊框為藍，上下相疊的紅色三角旗。下面的三角旗有一個太陽，上面的三角旗則有一個月亮。

世界上最高的十座山脈中就有八座位在尼泊爾，包括最高的聖母峰，國旗的三角形狀象徵了這個國家的山脈地形。尼泊爾的國旗曾經是兩個分開的三角旗，分別屬於不同時期統治過尼泊爾的兩個皇室家族分支。最後兩個三角旗結合，成為獨一無二的國旗，而太陽和月亮的圖案則被賦予了新的意義，像是和平與永生。

紅色是尼泊爾國花杜鵑花的顏色，也代表勇氣。

尼泊爾國旗是唯一沒有將四邊形當作國旗形狀的國家。

月亮代表曾統治過尼泊爾的皇朝。

藍色代表和平。

太陽的圖案代表著曾經長年擔任總理的拉納（Rana）家族。

直到1961年，國旗上的圖案還有臉的形狀。為了將國旗現代化，新設計移除了臉的圖案。

143

黃色代表不丹國王。

雷龍是不丹竹巴寺院的圖騰。

這條龍咆嘯的嘴代表力量。

不丹

採用日期：大約1970年

比例：2：3

用途：國家和民用

設計說明：由兩個番紅花色（黃橘色）和紅橘色的三角組成，中間有一個龍圖騰。

白色代表純潔以及國家不同族群的團結。

龍緊抓著代表富裕的珠寶。

橘色象徵佛教。

在不丹塔西岡區，可以在法會中看到一群身穿橘色長袍的佛教僧侶。

根據不丹的傳說，山區中的雷響是雷龍的聲音，而閃電則是牠噴出的火焰，所以國旗上有龍的圖案也不足為奇。在西元8世紀時，佛教傳入，而第一座山區的寺院也以龍來命名。今日，大約75％的不丹人口都是佛教徒。

位在不丹竺域的塔西岡寺院，據說那裡的雷雨被視為雷龍發出的聲音。

中國

大型的黃星星代表共產主義。

四個小星星曾經象徵中國人的四個社會階層，現在則代表中國混和的族群。

紅色象徵共產主義，也是中國歷史的傳統顏色。

採用日期：1949年

比例：2：3

用途：國家和民用

設計說明：紅色為底，左上角有一個大的黃星星和四個較小的黃星星。

中國是世界上人口最多的國家（約有14億人）。1949年當共產黨掌控國家，便採用代表革命的紅旗，不但呼應了蘇聯的共產紅旗，也是歷史上中國統治者的顏色。星星的數目很重要，因為五在中國的哲學裡代表五行（金、木、水、火、土）和五種品德（溫、良、恭、儉、讓）。

紅色在中國是幸運、快樂和保護的象徵。在中國新年，人們會在紅包裡放錢當作禮物。在新年遊行裡，常常可見國旗到處飛揚。

中國特別行政區

這兩個地區曾經分別在其他國家的統治下（英國曾經統治香港到1997年，而葡萄牙則統治過澳門直到1999年）。和中國其他地方相比，這兩個地區有各自的政府治理系統，也有各自的旗子。中國其他地方只使用主要的國旗。

▼ **香港**

紅色為底，上面有五瓣花蕊的香港白色洋紫荊。

▼ **澳門**

綠色為底，有一個位在橋和水上的白色蓮花圖案。五顆星星組成的弧形呼應了中國的五星旗。

連結香港和澳門的港珠澳大橋有55公里長，是世界上最長的跨海通道。

蒙古

採用日期：1992年

比例：1：2

用途：政府和民用

設計說明：藍色豎條居中，隔開兩條紅色豎條。左邊紅豎條上有一個稱為索永布的黃色圖案。

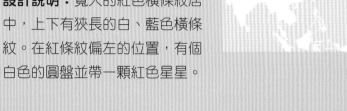

藍色代表蒙古廣闊的天空，也是著名蒙古領袖成吉思汗使用過的顏色。

紅色象徵國家的進步。

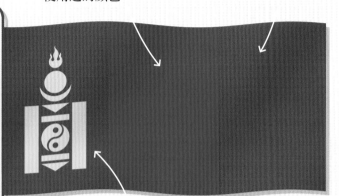

索永布圖案是蒙古的國家象徵。

蒙古帝國是13世紀由成吉思汗所創立的，現今的國旗上有他曾使用過的藍色旗幟。這個國家也有「藍天之國」的稱號，因為這裡的天空總是晴朗無雲。人民傳統上過著游牧生活，在廣闊的天空下放牧。1940年代，蒙古人民共和國採用了此版本的旗子，但在索永布圖案上有一個金色、共產五角星星。在蘇聯垮台後，星星則從國旗上移除。

火焰：過去、現在和未來。

太陽和月亮：天空。

三角圖案：向下的武器（矛或箭）象徵打敗敵人。

兩排石柱：從諺語「兩人團結更勝堅石」而來。

兩個圍欄：社會由上到下所展現的關懷和警覺。

魚的圖形：魚永遠不睡覺、總是保持警覺。這個圖案也呼應了代表生命和諧的陰陽圖形。

北韓

採用日期：1948年

比例：1：2

用途：國家和民用

設計說明：寬大的紅色橫條紋居中，上下有狹長的白、藍色橫條紋。在紅條紋偏左的位置，有個白色的圓盤並帶一顆紅色星星。

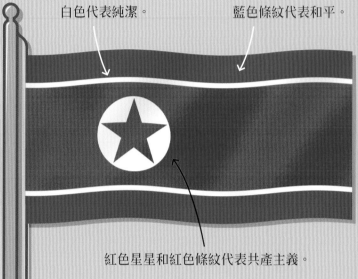

白色代表純潔。

藍色條紋代表和平。

紅色星星和紅色條紋代表共產主義。

南北韓曾經是一個國家。1910年日本併吞了這個國家，之後在二次大戰分裂成兩個國家。1948年，新成立的共產北韓和南韓永久分裂。北韓的國旗代表了這個政治體制。

在平壤的五一體育館，北韓人民手舉色卡組成了北韓國旗的圖樣。

南韓

採用日期：1948年

比例：2：3

用途：國家和民用

設計說明：白旗中間有一個紅、藍色的陰陽佛教圖形。圍繞在圓形陰陽圖案四周，是八卦中的四卦圖案。

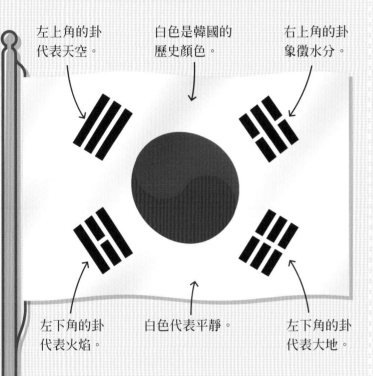

左上角的卦代表天空。

白色是韓國的歷史顏色。

右上角的卦象徵水分。

左下角的卦代表火焰。

白色代表平靜。

左下角的卦代表大地。

1948年和北韓分裂後（見第146頁），成立了南韓。該旗幟又稱為太極旗，於南北韓分裂後不久便開始採用。中間代表宇宙兩元特性，像是光明與黑暗或是男性與女性。八卦圖是出自古代東方智慧之書——「易經」上的傳統圖案。

易經的八個八卦圖

天 風 水 巳 坤 火 震

日本

採用日期：1870年

比例：2：3

用途：國家和民用

設計說明：白旗上有一個紅色的圓盤。

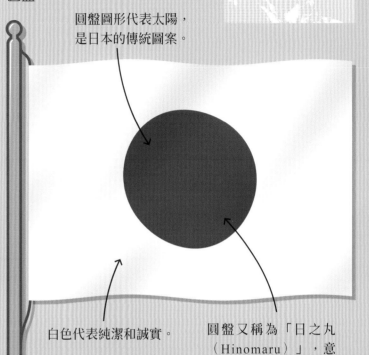

圓盤圖形代表太陽，是日本的傳統圖案。

白色代表純潔和誠實。

圓盤又稱為「日之丸（Hinomaru）」，意思是「太陽的輪廓」。

日本位於太平洋，是由6,852座島嶼組成的國家。傳統上又稱為「日出之國」，此稱呼也反映在國旗的設計上。太陽圖案的歷史可以追溯至幾世紀以前，過去被用在軍旗上。傳統上，這面旗子會懸掛在由天然竹子所製成、頂端有一顆金球的旗桿上。

根據傳說，日本第一個皇帝是天照大神的後裔。

日本都道府縣

日本有稱為都道府縣的47個行政區。19世紀創造了這個行政單位並取代封建地區。每個地區都有自己的旗幟，旗子上通常帶有文字和不常出現在其他旗子上的顏色。

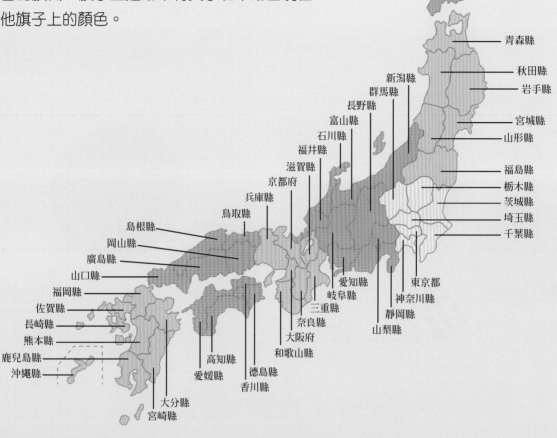

北海道

青森縣

秋田縣

岩手縣

新潟縣

群馬縣

長野縣

宮城縣

富山縣

山形縣

石川縣

福井縣

福島縣

滋賀縣

栃木縣

京都府

茨城縣

兵庫縣

埼玉縣

鳥取縣

千葉縣

島根縣

岡山縣

廣島縣

山口縣

愛知縣

東京都

福岡縣

岐阜縣

神奈川縣

佐賀縣

三重縣

靜岡縣

長崎縣

奈良縣

熊本縣

大阪府

山梨縣

鹿兒島縣

和歌山縣

沖繩縣

高知縣

德島縣

愛媛縣

香川縣

大分縣

宮崎縣

▼ 愛知縣

白色的日文符號代表愛知縣縣名和日出。

▼ 千葉縣

兩個帶有黃色邊框的白色字體符號代表千葉縣的縣名。藍色代表希望，黃色代表該區的花團錦簇。

▼ 福岡縣

白色李花的圖案代表和諧與進步。

▼ 秋田縣

白色的日文符號代表了秋田縣首字羅馬拼音字母中的「A」，還有一個代表進步的圖案。

▼ 愛媛縣

黃色代表幸福、綠色代表和平、白色代表純潔。

▼ 福島縣

白色的日文符號代表了福島縣縣名，橘色代表希望和團結。

▼ 青森縣

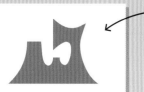

白色的背景上有一個綠色的青森縣地圖。

白色的圖案代表和諧與合作。

▼ 福井縣

▼ 岐阜縣

綠色圈圈中的綠色的字體代表「岐阜縣」的「岐」字。旗子的顏色代表和平、和諧與自然。

▼ 群馬縣

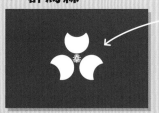

白色非寫實符號代表「群馬縣」的「群」字。三個白色的新月代表該地的山脈。

▼ 香川縣

代表橄欖樹的綠色背景上，白色非寫實符號代表香川縣首字羅馬拼音的「Ka」。

▼ 宮城縣

三片葉子代表進步、團結和友誼。

▼ 廣島縣

白色非寫實符號代表廣島縣首字羅馬拼音的「Hi」，其設計代表了和諧與合作。

▼ 鹿兒島縣

有一個黑色圖騰代表這個地區，紅色則代表日本火山櫻島。

▼ 宮崎縣

黃色的非寫實符號代表宮崎縣首字羅馬拼音中的「Mi」。旗子上的圖案象徵進步的階梯。

▼ 北海道

藍色代表海洋和天空，星星代表希望和未來。

▼ 神奈川縣

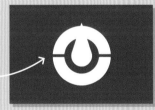

紅色非寫實符號代表神奈川縣首字羅馬拼音的「Ka」。紅、白色是代表日本的顏色。

▼ 長野縣

白色非寫實符號代表長野縣首字羅馬拼音中的「Na」。旗子上的圖案也代表倒映在湖泊上的山脈。

▼ 兵庫縣

白色非寫實符號代表兵庫縣首字羅馬拼音的「Hyo」。白色代表誠實和希望，藍色代表海洋。

▼ 高知縣

旗子上的非寫實符號代表高知縣的縣名，圓圈則代表和平。

▼ 長崎縣

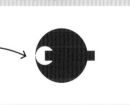

白色背景上有一個長崎縣羅馬首字拼音中的藍色字母「N」。據說這個N字型也像和平鴿的形狀。

▼ 茨城縣

藍色的背景上有一個代表海洋的白色玫瑰花瓣圖案。玫瑰是該區的官方花朵。

▼ 熊本縣

白色非寫實符號代表熊本縣首字羅馬拼音的「Ku」。這個圖案也代表了日本第三大島九州島的圖形。

▼ 奈良縣

白色背景上有一個非寫實深紅色符號。該符號代表奈良縣首字羅馬拼音中的「Na」，也代表進步、自然與和諧。

▼ 石川縣

在藍色象徵海洋的背景上，白色符號拼出了石川縣的縣名。

▼ 京都府

紫色為底，白、金二色的非寫實符號代表京都府首字羅馬拼音中的「Kyo」。其設計代表團結。

▼ 新潟縣

金色的非寫實符號代表新潟縣名稱，也代表友誼和希望。

白色非寫實符號代表宮城縣首字羅馬拼音中的「Mi」。此圖也象徵當地的珍珠，綠色則令人想起山脈。

▼ 岩手縣

旗子上的白色非寫實符號代表岩手縣首字羅馬拼音的「Iwa」，此字體象徵進步。

▼ 三重縣

▼ 大分縣

三個非寫實的符號代表「O」。將三個符號串起來的圓圈則代表和諧與和平。

▼ 岡山縣

金色非寫實的符號代表「Oka」，也代表團結和進步的未來。

旗上有該區的地圖樣式和橘色的富士山。藍色的背景代表天空和海洋，橘色代表團結。

▼ 靜岡縣

▼ 富山縣

非寫實符號代表字母「To」，而綠色的圖案則代表立山。綠色令人連想到大自然。

▼ 沖繩縣

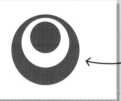

在紅色圓盤圖形上有一個白色「O」字體。外圍的紅色圈圈代表圍繞在沖繩的海洋。

▼ 栃木縣

非寫實的白色符號代表栃木縣名稱，也代表進步和行動。

▼ 和歌山縣

藍色非寫實的符號代表字母「Wa」，也代表和諧與進步。

▼ 大阪府

在代表海洋、乾淨和清新的藍色背景上，白色的圖案代表城市。

▼ 德島縣

黃色的符號代表「Toku」字母，也像一隻前行飛翔的小鳥。

▼ 山形縣

白色的山脈代表白雪和純潔。藍色代表當地的河流與和平。

▼ 佐賀縣

在深綠色的背景上有一株用白、紅色繪製而成的樟腦樹花。

▼ 東京都

非寫實的符號代表山口縣的名稱，也代表小鳥舞動著翅膀飛向太陽。

▼ 山口縣

有六道光芒的白色太陽代表這個城市。

▼ 埼玉縣

白色的非寫實符號代表字母「To」。這個圖案也是小鳥的形狀，因為鳥取縣的名稱代表「許多鳥」。

由16個紅色珠珠串成的圓形代表太陽、力量和發展。

▼ 鳥取縣

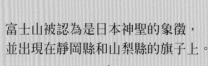

黃色的符號代表字母「Yama」，外圍則有象徵富士山的白色輪廓圖樣。葡萄紫的背景令人想起這個區域的葡萄收成。

▼ 山梨縣

▼ 滋賀縣

白色的符號代表這個區域的名字。這個圖案也象徵琵琶湖，而翅膀的形狀則代表和諧與和平。

富士山被認為是日本神聖的象徵，並出現在靜岡縣和山梨縣的旗子上。

▼ 島根縣

金色非寫實的符號代表島根縣名稱。圓形的圖案代表團結與和諧。

中華民國（台灣）*

＊國際上常以「台灣」作為通稱。

採用日期：1928年

比例：2：3

用途：國家

設計說明：以紅色為底，左上角有一個藍色的矩形和白色太陽的圖案。

藍色代表天空。

藍矩形上的白色太陽是來自於歷史上政黨的旗幟。

十二道光芒象徵時間的推移，每道光芒代表兩小時。

紅色代表土地與漢民族。

台灣是鄰近中國東海岸的一個島嶼。中國宣稱擁有台灣領土，而台灣的國旗在國際場合並不被承認，像是奧林匹克運動會賽事。在奧林匹克運動會上，台灣運動員是以中華台北的名義參賽。

台灣運動員參與奧林匹克時，使用的是帶有花朵、太陽和奧會五環圖樣的旗子。在這樣的場合，因為領土爭議，台灣的國旗並不被接受。

越南

採用日期：1976年

比例：2：3

用途：國家和民用

設計說明：紅色背景上有一顆大型的黃色星星圖案。

紅色代表共產主義、革命和越南人的奮鬥。

歷史上，紅、黃色和鄰近中國的皇帝有關。

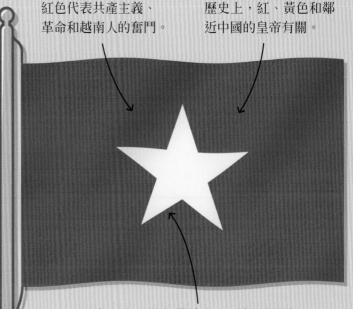

國旗上的五星象徵社會上五個不同的族群——士兵、工人、農夫、小資產商人和知識分子。

19世紀法國控制了越南，二次大戰後，越南宣布獨立並發生了分裂國家的內戰。1954年共產北越開始使用上述的旗子，南越則使用帶條紋樣式的旗子。1976年北越贏得越戰，南北越統一並決定使用北越的旗子作為國旗。

越南有著繁忙城市和偏僻鄉村，是反差鮮明的國家。國旗上的星星代表不同人民的生活型態。

馬爾他十字（Maltese Cross）：有雙端點的十字。

希臘十字（Greek Cross）：短臂十字圖案。

北歐十字（Nordic Cross）：有著中間偏左直臂長的十字形，又稱為斯堪地那維亞十字。

星座（Constellation）：天空中的星團。一些旗子會出現星座的圖案。

天鷹（Aquila）：古羅馬時代裝飾在旗桿頂上的銀色或金色老鷹圖案。旗桿上會懸掛參戰羅馬軍旗。

南十字星（Southern Cross）：南半球可以看到的星座。這個星座圖案用在許多大洋洲地區的國旗上。

盾牌徽章（Coat Of Arms）：一種官方的圖騰，裝飾著圖案和格言的盾牌圖案。

徽章學（Heraldry）：用來稱呼盾牌徽章的官方設計。

徽章頂（Crest）：在盾牌上方、徽章最頂部的圖案。

花環（Wreath）：盾牌徽章上，位在盾牌與徽章之間纏繞捲成的編織物，也稱為徽章環。

盾牌（Shield）：盾牌徽章上所呈現的圖樣。

支撐物（Supporters）：在盾牌徽章上舉起盾牌的圖樣，該圖案也許是動物或人。

捲軸（Scroll）：盾牌徽章上、位在盾牌下的寫有格言的條紋。

間隔部分（Compartment）：指的是盾牌徽章上舉起盾牌的底座。

格言（Motto）：盾牌徽章上的官方句子或諺語。

鑲邊（Bordure）：盾牌徽章上圍繞在盾牌邊緣的框界。

頭目形（Chief）：有一個橫條置於盾頭上。

倒三角形（Pile）：盾牌徽章上尖端朝下的三角圖形。

銀色（Argent）：盾牌徽章上用來表示銀色或白色。

天藍色（Cantons）：盾牌徽章上用來表示藍色。

金黃色（Or）：盾牌徽章上用來表示金色或黃色。

綠色（Vert）：盾牌徽章上用來表示綠色。

黑色（Sable）：盾牌徽章上用來表示黑色。

部門（Department）：在某些國家/地區賦予地方政府單位的名稱。

原住民（Indigenous People）：一個國家在新移民者到達之前的原始居住者。

省分（Province）：在某些國家給當地政府區域的名稱。

都道府縣（Prefectures）：日本的行政區域。

瑞士小行政區（Cantons）：瑞士的行政區域名稱。

城邦（City-State）：國家剛好就是一座城市，像是摩納哥以及梵蒂岡。

公國（Principality）：以王子做為君主的小國家。

內陸國（Landlocked）：四面不臨海的國家。

共和國（Republic）：不實施君主體制的國家。在共和國的體制中，國家領袖並非世襲。

聯合國（United Nations）：所有國家組成的一個組織，其目的是為了維持世界的和平安全。可以看到所有會員國的國旗在美國總部外飄揚。

海外領土（Overseas Territory）：由一個國家管理的國外地區。

紅十字會（Red Cross）：這個國際性救助組織的設立是為了減輕災難發生時人類所遭受的痛苦。這面國際知名的旗子幫助紅十字會的車輛和救難人員可以安全地進入被戰爭蹂躪的地區。

自由之帽（Cap Of Liberty）：象徵歐洲共和獨立的一頂軟質三角紅帽，又稱佛里幾亞無邊便帽（Phrygian Cap）。來自古羅馬時代被解放的奴隸所戴的帽子，之後在法國大革命期間也有人戴這頂帽子。

緞帶花結（Cockades）：共和革命者所穿戴的彩色玫瑰花結帽。這種緞帶花結第一次出現在法國、再來是南美洲。自此之後，緞帶花結的顏色也影響了國旗的顏色。

制服（Livery）：君主以及貴族僕人所穿的彩色衣服。歷史上的制服顏色是一些國旗設計的靈感來源，像是荷蘭國旗。

生物多樣性（Megadiverse）：用來形容一個國家有許多特別種類的動植物的詞彙。

泛非洲主義的顏色（Pan-African Colours）：用在許多非洲國旗上，用來代表脫離其他國家獨立也代表非洲團結的紅色、黃色、綠色和黑色。

泛阿拉伯主義的顏色（Pan-Arab Colours）：用在北非和中東旗子上，用來代表阿拉伯團結和獨立的黑色、白色和綠色。

泛斯拉夫主義的顏色（Pan-Slavic Colours）：用在許多巴爾幹國旗上的白色、紅色和藍色。誕生自獨立運動，其靈感為俄羅斯國旗和法國國旗。

索引

一次看懂世界國旗
The Flag Book

作　　者｜茉伊拉‧巴特菲爾德（Moira Butterfield）
插　　畫｜迪納摩有限公司（Dynamo Limited）
譯　　者｜李天心

責任編輯｜陳品蓉
文字校對｜陳品蓉
封面設計｜季曉彤
美術設計｜林素華

負 責 人｜陳銘民
發 行 所｜晨星出版有限公司
　　　　　行政院新聞局局版台業字第 2500 號
地　　址｜台中市 407 工業區 30 路 1 號
電　　話｜04-2359-5820
傳　　真｜04-2355-0581
Email　 ｜ service@morningstar.com.tw
網　　址｜ http://www.morningstar.com.tw
法律顧問｜陳思成律師

郵政劃撥｜ 15060393 知己圖書股份有限公司
讀者專線｜ 02-23672044

初　　版｜ 2022 年 2 月 1 日
初版二刷｜ 2023 年 6 月 1 日
定　　價｜新台幣 570 元

ISBN 978-986-5582-70-8

國家圖書館出版品預行編目 (CIP) 資料

一次看懂世界國旗 / 茉伊拉‧巴特菲爾德（Moira Butterfield）著；
迪納摩有限公司 (Dynamo Limited) 繪；李天心譯 . -- 初版 . -- 臺
中市：晨星出版有限公司，2022.02
　　面；　公分
譯自：The Flag Book
ISBN 978-986-5582-70-8（精裝）

1. 國旗

571.182　　　　　　　　　　　　　　　　110006461